臺灣歷史與文化^{研究}輯刊

初 編

第9冊

日人在臺企業菁英的社會網絡
（1895～1945）（下）

趙祐志 著

花木蘭文化出版社

國家圖書館出版品預行編目資料

日人在臺企業菁英的社會網絡（1895～1945）（下）／趙祐志
著 — 初版 — 新北市：花木蘭文化出版社，2013〔民102〕
目 6+162 面；19×26 公分
（臺灣歷史與文化研究輯刊 初編：第 9 冊）
ISBN：978-986-322-262-0（精裝）
1. 企業　2. 社會網絡
733.08　　　　　　　　　　　　　　　　102002945

ISBN-978-986-322-262-0

9 789863 222620

臺灣歷史與文化研究輯刊
初　編　第九冊　　　　　　ISBN：978-986-322-262-0

日人在臺企業菁英的社會網絡（1895～1945）（下）

作　　者　趙祐志
總 編 輯　杜潔祥
出　　版　花木蘭文化出版社
發 行 所　花木蘭文化出版社
發 行 人　高小娟
聯絡地址　235 新北市中和區中安街七二號十三樓
　　　　　電話：02-2923-1455／傳眞：02-2923-1452
網　　址　http://www.huamulan.tw 信箱 sut81518@gmail.com
印　　刷　普羅文化出版廣告事業
初　　版　2013 年 3 月
定　　價　初編　30 冊（精裝）新臺幣 60,000 元

日人在臺企業菁英的社會網絡
（1895～1945）（下）

趙祐志　著

附　圖

第參章　學緣網絡

在幕府封建制度下的日本，家世、財產爲個人成功的主要條件，才學所佔的比例實微不足道，然自 1872 年明治政府公布新學制後，儘管士族子弟在高等教育中仍佔有相當之優勢，但平民子弟已有抬頭的機會，受教權的平等逐漸確立，高學歷乃成爲獲致成功的新階梯。〔註1〕

此後，日本更形成重視學歷的社會，小學畢業者從事農、工體力勞動，中學畢業者擔任基層公務員，大學畢業者負責管理、領導的業務，這種以學歷高低作爲社會階級分化的情形，日益明顯。小學畢業者雖非完全沒有晉升之途，但卻難如登天。據調查指出：1918～1945 年日本內閣閣員 156 人中，僅東京帝大一校畢業者即佔 45%，接受高等教育已成爲獲得政府職位與權力的主要途徑。〔註2〕

不僅政界如此，企業界亦復如斯。明治中晚期以前，高等教育畢業生稀若珍寶，帝大畢業者多以進入政界爲優先志願，一般銀行、公司只能公開招考具有讀、寫能力的練習生，進入企業後再施予實用商業知識、技能的訓練，即採取學徒制培養經營人才，學歷尚非用人的主要標準。但稍後因銀行、公司規模日漸龐大，企業不僅需要會簿記、英語等知識、技能者，更需要能夠管理、營運組織的專家，此非受過高等新式教育者難以勝任。1894年，中上川彥次郎出任三井銀行的專務理事，其爲招聘在野的英俊之士，給

〔註1〕 Herbert Passin 著，劉琨輝、洪祖顯譯，《日本的現代化與教育》（台北：幼獅文化事業公司，1973 年），頁 115。
〔註2〕 同註2書，頁 136～141。

予擔任理、監事者不下於政府部長級的薪俸，其他高階經理人才亦比照局長級的薪俸，並建立高額的紅利獎金制度，在三井任職待遇實已遠較官員優渥，之後三菱、住友等財閥亦紛起傚尤，官尊民卑、鄙視町人的舊習乃逐漸被打破。〔註3〕在重金禮聘的鼓勵下，明治30年代後，受過高等教育者投入企業界已蔚然成風，這不僅促進專業經營階層的出現，也強化了企業所有權、經營權分離的基礎。

然此時應聘的高等教育畢業生，常與學徒出身的員工發生衝突，在日俄戰爭前後，輿論不斷出現比較高等教育畢業生與學徒出身者優劣的報導，最後認爲高等教育畢業生較優秀的輿論佔居上風，企業好用高等教育畢業者乃逐漸確定。〔註4〕此後，企業爲尊名校畢業生，多規定：帝國大學、東京高商、慶應義塾、早稻田大學等校畢業生，經由名望者介紹，遇企業缺額時即可錄用，至於二、三流學校畢業生則須通過考試，才能登用。企業對於名校畢業生採取介紹、免試錄用的制度，故帝大、慶大、早大、東京高商的畢業生，常能獲得優先進入企業的機會，薪俸亦高人一等（參見表3-0-1、表3-0-2）。如此，自然容易在企業造成特定名校畢業生掌握領導權的情況，這種透過學緣網絡而造就的「學閥」，一旦形成後，重視某校出身的傳統，即會在企業用人上被有意、無意的保留，〔註5〕這種狀況至戰後依然如此。〔註6〕

〔註3〕高橋龜吉，《日本近代經濟發達史》（東京：東洋經濟新報社，1973年），頁16～24。

〔註4〕J. Hirschmeier、由井常彥《日本の經營發展》（東京：東洋經濟新報社，1987年第九刷），頁249。

〔註5〕《學歷の社會史──教育と日本の近代》（東京：新潮社，1992年），頁259～265。這種情況至戰後的1950、60年代仍然極爲明顯，例如：要進入政府機關、一流銀行公司，須東京大學畢業；在保險、百貨業，慶應大學具有壓倒性的影響力；在報社、建築業，早稻田大學則擁有雄厚的勢力。

〔註6〕《日本的現代化與教育》（台北：幼獅文化事業公司，1973年），頁123、128。根據鑽石社1959年對502個企業進行的調查指出：企業錄用職員有40%根據學閥關係，5%爲個人關係，80%以上企業都指定特定大學的畢業生。再根據同年日本生產本部對資本額10億日元以上大企業管理職的調查，東京大學畢業者佔35%，東京大學、京都大學、一橋大學三校畢業生，即合佔52%。

表 3-0-1：1927 年三菱財閥晉用新進人員的月俸起薪標準

畢業學校	起薪標準
帝國大學工科	90 元
帝國大學法科、東京商科大學	80 元
早稻田、慶應義塾大學	75 元
一般私立大學、專門學校	65～70 元

資料來源：《從業員待遇法大鑑》（東京：1933 年）。
說　　明：東京高等商業學校在 1920 年升格為東京商科大學，戰後再更名為一橋大學。

表 3-0-2：1929 年三井礦山晉用新進人員的月俸起薪標準

畢業學校	起薪標準
工程技術系統	
帝國大學	70 元
早稻田大學	65 元
明治、專修、旅順工大	60 元
高等工業學校	55 元
甲種工業學校	日俸 1.3 元
事務管理系統	
帝國大學	75 元
慶應大學、早稻田大學	65 元
私立大學、神戶高商	60 元
一般高商、專門學校	55 元
甲種商業學校	日俸 1.3 元
中學校	日俸 1.15 元

資料來源：《三井礦山五十年史》。

　　學緣網絡在大型企業表現尤為清楚，甚至形成支配人事升遷的全面性原則，故本章以金融、製糖兩業為分析對象，討論日治時期學緣網絡在大型企業運作的概況。在金融業方面，日治時期台地有台灣銀行、台灣商工銀行、彰化銀行、華南銀行、台灣儲蓄銀行等五大銀行，其中，學緣網絡對台灣銀

行的人事支配較為明顯，故第一節以台銀為例說明之。在製糖業方面，日治時期台地有台灣製糖、大日本製糖、明治製糖、鹽水港製糖四大會社，學緣網絡對四社的人事支配皆甚為明顯，故第二節即以四大製糖會社為例，論述學緣網絡對大型企業人事的影響。

第一節　在大型金融企業的運作——以台灣銀行為例

一、台銀的發展簡史

　　台灣銀行為台灣金融界的龍頭，其董事長素有「台灣財界之王」的美稱，誠可謂日治時期台灣至要之公司，考其領導幹部的拔擢、升遷，受學歷高低、校系出身之影響，鑿痕斑斑可見，故由此切入分析，甚能窺探學緣網絡對日人企業界的影響力。〔註7〕本節將先簡介台銀發展的過程，再舉若干例證說明學緣網絡左右台銀人事升遷的情形。

　　台銀創立於 1899 年，其資本額在草創之初為 500 萬圓，其後陸續擴張規模，分別在 1900 年、1915 年、1918 年增資為 1,000 萬圓、2,000 萬圓、3,000 萬圓，1919 年，更因戰時景氣，一舉倍增為 6,000 萬圓。但戰後景氣蕭條，加上 1923 年關東大地震的衝擊，台銀進入整理期，減資為 4,500 萬圓。1927 年，雪上加霜，受到鈴木商店財閥破產、賑災票據法案頒行等牽累，大幅減資為 1,500 萬圓，〔註8〕至 1940 年，始應侵略戰爭的需求，再增資為 3,000 萬圓。〔註9〕

　　台銀的行員，在創立時僅有 141 人，其後不斷增聘，至 1920 年達到巔峰，成為擁有 1,356 名行員的大公司，進入整理期後人數銳減，至二次大戰末期，才又增為千人左右的規模。行員的等級，在 1930 年以前分為八級，即：助役、助役補、技師、書記、技手、見習、囑託、雇等；1931～1937 年，廢助役等名稱，統稱行員；1938 年後，又恢復分級，分為參事、副參事、主事、書記、書記補等五級。〔註10〕

　　台銀的組織，應業務的榮枯而有增刪，1899～1901 年為六部一課時期；

〔註 7〕藉學緣網絡壟斷利益的聯盟，日人亦稱之為學閥。

〔註 8〕《台灣銀行四十年誌》（台北：台灣銀行，1939 年），頁 12～15。

〔註 9〕竹本伊一郎，《台灣會社年鑑》昭和 16 年版（台北：台灣經濟研究會，1940 年）。

〔註 10〕《台灣銀行四十年誌》（台北：台灣銀行，1939 年），頁 32。

1901～1910 年爲二部一店時期；1910 年，增設東京支店，進入二部二店時期。一次大戰後進入整併期，分別在 1922、1923、1925 年簡省組織，至 1925 年時，台北本店、東京支店下分別只剩 8 課、6 課。1927 年，金融危機惡化，台銀爲整頓債務，乃增設整理部；其後，隨著業務狀況的好轉，又增設若干課、室，至 1938 年時，台北本店已有 9 課 1 室 19 支店，東京分店則下轄 8 課 1 室 14 支店 2 出張所 1 駐在員。〔註 11〕

綜觀台銀的組織，雖屢有變更，但大體而言，其領導幹部可分爲三層，即：頂層爲正副董事長、理監事，理事並兼任台北本店的部長、東京支店的總支配人（總經理）；中層爲台北本店東京支店的課長或係長、經理，由助役級的幹部擔任；基層則爲在外的支店長、出張所長，重要的支店長或出張所長，由助役級的幹部贗任，次要者乃由助役補級的幹部擔任。

爲分析台銀領導幹部升遷與學緣網絡的關係，本文蒐羅《台灣實業家名鑑》（1912 年）、《新台灣》（1915 年）、《台灣人物志》（1916 年）、《台灣事業界と中心人物》（1919 年）、《南國之人士》（1922 年）、《最近の南部台灣》（1923 年）、《評論台灣之官民》（1924 年）、《新台灣の人人》（1926 年）、《台灣官紳年鑑》（1932 年）、《台灣人士鑑》（1934 年、1937 年、1943 年）、《台灣の中心人物》（1935 年）、《台灣紳士名鑑》（1937 年）等資料，得到 127 名台銀領導幹部的學歷及升遷過程，茲將其整理成表 3-1-1。

表 3-1-1：台灣銀行領導幹部的畢業校系、畢業時間及升遷速度

姓　名	畢業校系	畢業時間	入行時間	最初職務	升遷速度	最後職務	轉業狀況
柳生一義	東京帝大政治科	1891	1899	副董事長	副董事長升董事長：2 年	董事長	
中川小十郎	東京帝大政治科	1893	1912	副董事長	副董事長升董事長：8 年	董事長	後轉任華南銀行顧問
下阪藤太郎	東京帝大政治科	1894	1899	理事	理事升副董事長：7 年	副董事長	1919 年轉任東洋製糖董事長
山田叔男	東京帝大政治科	1895	1910	助役補	助役補升助役：3 年	助役	

〔註 11〕《台灣銀行四十年誌》（台北：台灣銀行，1939 年），頁 36～41。

岡戶諭介	東京帝大政治科	1900	1912	書記	書記升助役補：1年	助役補	
奥山章次郎	東京帝大政治科	1902	1902	書記	書記升助役補：4年 助役補升助役：6年	助役	
保田次郎	東京帝大政治科	1903	1935	董事長		董事長	
久宗董	東京帝大政治科	1906	1907	書記	書記升理事：13年	理事	1933年轉任昭和製糖專務董事
吉野小一郎	東京帝大政治科	1906	1910	書記	書記升助役補：3年 助役補升助役：2年	助役	
吉田勉	東京帝大政治科	1910	1910	書記	書記升理事：17年 理事升副董事長：7年	副董事長	
和田正彦	東京帝大政治科	1913	1937	副董事長		副董事長	
上山英三	東京帝大政治科	1917	1942	副董事長		副董事長	
大江退三	東京帝大政治科	1917	1917	東京支店秘書		台南支店經理	
森俊六郎	東京帝大政治科					副董事長	
江崎眞澄	東京帝大政治科					理事	
小山美登四	東京帝大政治科					打狗支店長	
佐田家年	東京帝大英法科	1894	1899	助役補	助役補升助役：1年 助役升理事：10年	理事、監事	
池田常吉	東京帝大英法科	1901	1901	書記	書記升助役補：3年 助役補升助役：3年 助役升理事：12年	理事	
川村淳	東京帝大英法科	1904	1914	助役補		助役補	

山本善治	東京帝大英法科	1912	1912	書記	由書記升理事：26年	理事	
土居政次	東京帝大英法科	1912	1912	書記		本店經理	1940年轉任台灣電力理事
阿部善次	東京帝大德法科	1905	1908	書記	書記升助役補：9年	助役補	
兒玉敏尾	東京帝大德法科	1905	1905	書記	書記升助役補：9年	台中支店長	轉任新高銀行常務董事、1924年台灣商工銀行常務董事
荒木正次郎	東京帝大德法科	1907	1907	書記	書記升理事：20年	理事	1940年轉任台灣商工銀董事長
有田勉三郎	東京帝大德法科	1914	1914			秘書課長	轉任華南銀行副總理
與田四郎	東京帝大德法科	1916	1916	書記		福州支店經理	1940年轉任台灣商工銀行專務董事
渡邊三郎	東京帝大德法科	1916	1918	書記		庶務部長	
大野義忠	東京帝大德法科	1917	1917			業務部長兼鑑定課長	
吉原昇三	東京帝大德法科	1917	1917			營業部經理兼國庫部長	
工藤耕一	東京帝大德法科	1918	1918			調查部長	
藤田光廣	東京帝大德法科	1920	1920	書記		桃園支店經理	
丹羽貞一	東京帝大法法科	1900	1906	書記		台中支店長	
櫻井鐵太郎	東京帝大法科	1890	1916	董事長		董事長	
梶原磯辰	東京帝大法科	1894	1899	助役補	助役補升助役：1年 助役升理事：6年	理事	
南新吾	東京帝大法科	1897	1912	理事		理事	
二宮基成	東京帝大法科	1900	1910	理事		理事	
小林鑠四郎	東京帝大法科	1901	1902	書記	書記升助役：7年 助役升監事：11年	轉任監事	

江上恒之	東京帝大法科	1908	1908			本店經理	轉任台灣商工銀常務董事
本橋兵太郎	東京帝大法科	1914	1914	書記		理事	
安達安平	東京帝大法科政治經濟科	1906	1906			基隆支店長	
島田茂	東京帝大法科經濟科	1912	1927	理事	理事升董事長：半年	董事長	
金田武治	東京帝大法科經濟科	1917	1917			本店副經理	
寺山繁三	東京帝大法科經濟科	1920	1920			副參事	
古賀武德	東京帝大農學科	1916	1920				1927年轉任昭和製糖本社經理
山中義信	東京帝大	1908	1910				轉任華銀副總理
高木復亨	東京帝大	1911	1911	書記	書記升理事：16年	理事	
三卷俊夫	京都帝大經濟科	1904	1904	書記	書記升助役補：7年	助役補	1916年轉任台灣倉庫專務董事
日高友衛	京都帝大經濟科	1925	1925	書記		董事長席秘書	
水津彌吉	京都帝大法科	1903	1939	董事長		台銀董事長	
百崎富弘	京都帝大法科	1917	1918			台中支店長	1939年轉任新興製糖重役
小野清	京都帝大法科	1918	1918	書記		國庫部長	
柳悅耳	京都帝大	1905	1905	書記	書記升監事：25年	監事	後轉任南日本製鹽專務董事
深江彥二	慶應義塾大學理財科	1893	1900	書記		打狗出張所長	1915年轉任台灣商工銀行台南支店長
秋山義枝	慶應義塾大學理財科	1898	1899	書記		打狗出張所長	
松浦新平	慶應義塾大學理財科	1913	1914	書記			1923年轉任台灣製紙幹部
近岡源三	慶應義塾大學理財科	1913	1913				1925年轉任復興建築助成會社幹部
高井廉造	慶應義塾大學理財科	1917	1917			庶務課長	1942年轉任台陽礦業代表董事

丸山珍樹	慶應義塾大學理財科	1917	1917			主事	1937 年轉任台灣炭業專務董事
中辻吉朗	慶應義塾大學理財科	1917	1917			新竹支店經理	
坂本信道	早稻田大學政治經濟科	1909	1910			台南支店長	轉任台灣商工銀行常務董事、1926 年進入彰化銀行，任支店長
森本健助	早稻田大學政治經濟科	1911	1911			基隆支店經理代理	1921 年轉任台灣商工銀行鳳山出張所所長
土居才吉	美國華盛頓大學		1911				1922 年轉任華南銀行新加坡支店長
伊藤勝太郎	立教大學	1914	1914			淡水支店經理	
坂本素魯哉	明治法律學校	1893	1899			淡水出張所長	1905 年轉任彰銀經理
生野數馬	和佛法律學校		1899			新竹出張所長	1908 年轉任新竹鹽務支館管理人、1912 年彰化銀行台北支店長
小林清藏	和佛法律學校法科	1904	1906				1910 年轉任台灣商工銀行任經理
岩瀨啓造	關西法律學校	1895	1902				1913 年轉任彰銀桃園支店長
永石熊吉	專修學校	1899	1903	雇		宜蘭出張所長	
安西賀夫	日本法律學校	1903	1913	助役補			代稅關長轉任助役補
守永久米松	東京高等商業學校	1897	1901	書記	書記升助役補：6 年 助役補升助役：3 年 助役升理事：10 年	理事	兼任華南銀行董事
銀屋慶之助	東京高等商業學校	1899	1899				1906 年轉任新原金物店主
竹藤峰治	東京高等商業學校	1906	1906			廣東支店長	1927 年轉任華南銀行常務董事
宮澤壽男	東京高等商業學校	1907	1907	書記	書記升助役補：8 年	助役補	
近藤清三	東京高等商業學校	1910	1910	書記	書記升理事：24 年	理事	1934 年上半年升理事

山本健治	東京高等商業學校	1911	1911	書記	書記升理事：23年	理事	1934年下半年升理事
加藤數衛	東京高等商業學校	1911				屏東支店長	
高橋庄吉	東京高等商業學校	1913	1914			花蓮港支店經理	
土忠夫	東京高等商業學校	1917	1917			基隆支店經理	
木津文六	東京高等商業學校	1918	1918			宜蘭支店經理	
鐙谷一郎	東京高等商業學校專攻部	1901	1901	書記	書記升助役補：6年	計算課長	
玉置知仁	東京高等商業學校專攻部	1911	1913	書記	書記升理事：24年	理事	
成田文雄	東京高等商業學校專攻部	1913	1914	書記	書記升理事：26年	理事	
地主三郎	東京高等商業學校專攻部	1915	1917			計算課長	1939年轉任台陽礦業常務監事
平野藤三	東京高等商業學校專攻部	1915	1915	書記	書記升理事：24年	理事	
菊川丈夫	東京高等商業學校						轉任華南銀行重役
柳田直吉	神戶高等商業學校	1908	1908	書記	書記升理事：19年	理事	
佐佐木義彥	神戶高等商業學校	1908	1908				轉任神戶製鋼所整理
牛尾竹之助	神戶高等商業學校	1902	1906			發行課長	
泉二吉	神戶高等商業學校	1912	1912			嘉義支店經理	
梅津吉	山口高等商業學校	1914	1914			彰化支店經理	
富田義範	鹿兒島商業學校	1914	1914			澎湖島支店經理	
秋元德太郎	下關商業學校	1912	1912			南投支店長	
藤田輝三	下關商業學校		1909				1913年轉任嘉義銀行本店經理、後再轉台灣商工銀行

佐藤德彥	大阪商業學校	1893	1899	書記		澎湖島出張所長	
伊藤鑒藏	橫濱商業學校	1914	1914			淡水支店經理	
松岡忠毅	函館商業學校	1906	1908				1915 年轉任台灣商工銀行支店長
雪丸秀助	宮崎都城商業學校	1912	1912			台東支店經理	
山瀨肇	東京外國語學校	1904	1906			支店課長	1920 年兼任華南銀董事、1927 年轉任昭和製糖專務董事
門田繁勝	上海東亞同文書院商務科	1915	1916			參事	
福地載五郎	群馬師範學校		1899			出張所長	1905 年轉任嘉義銀行顧問
姬野安夫	陸軍經理學校	1897	1906	書記		淡水出張所長	
鈴木伊勢教	宇摩農林學校	1909	1918	書記		書記	1927 年轉任昭和製糖主事補
山口清	鹿兒島中學校		1899			台南支店長	後轉任東洋製糖主事、1920 年任嘉義銀行專務董事、1923 年任儲蓄銀行董事
松崎翠	國語講習所中學校		1906				1921 年轉任新高銀行調查課長、轉台灣商工銀行、儲蓄銀行支店長
大西一三	北野中學肄		1906				1928 年轉任鹽水港製糖常務董事、台灣拓殖理事
青木正德	未載學歷		1900	書記	書記升助役補：4 年 助役補升助役：10 年	本店經理	
牧野國芳	未載學歷		1899	書記	書記升助役補：7 年 助役補升助役：8 年	助役	
磯村尘太郎	未載學歷		1899	書記	書記升助役補：11 年 助役補升助役：5 年	助役	

小倉文吉	未載學歷		1899	書記	書記升助役補：13年		1908年轉任台灣商工銀行專務董事、1915年新高銀行常務董事
田所一止	未載學歷		1902	書記	書記升助役補：12年	助役補	
齋藤完治	未載學歷		1899	見習	見習升助役補：13年	助役補	
川北幸壽	未載學歷		1900	雇		課員	
藤本夏生	未載學歷		1899	書記	書記升助役補：11年	台南支店長	
木村松之助	未載學歷		1913	書記		花蓮出張所長	
不破保	未載學歷		1914	囑託		事務部囑託	
渡邊與一	未載學歷		1911	書記	書記升助役補：4年	勸業課長	1921年轉任台東開拓專務董事
福永佐太郎	未載學歷		1899	書記	書記升助役補：16年	助役補	
瀨谷房之助	未載學歷		1900	見習		新竹出張所長	1916年轉任台灣倉庫重役
石村理則	未載學歷		1899	書記		阿猴出張所長	
安岡龍太郎	未載學歷		1901	書記		台東出張所長	後轉台灣商工銀行任職
荒井賢次郎	未載學歷		1901			計算係主任	1913年轉任嘉義銀行重役、1920年轉任華南銀行重役
邨松一造	未載學歷		1899	書記		書記	1911年轉任台北製糖專務董事、1915年台灣商工銀行常務董事
長尾倉三	未載學歷		1899	書記	書記升助役補：1年	銀券課長	
青木正元	未載學歷		1903	書記	書記升助役補：7年	勸業係長	後轉任台灣商工銀行
佐藤恒之進	未載學歷		1899			花蓮港支店經理	
田邊米二郎	未載學歷		1899	書記	書記升助役補：11年	助役補	
伊地知季彥	未載學歷		1904				轉任嘉義銀行任台南支店長副店長

二、台銀學緣網絡的運作規則

在整理表 3-1-1 的過程，配合《台灣實業界》等雜誌的報導，得到諸多學緣網絡運作左右台銀人事升遷的事例，雖然學緣網絡並非決定台銀人事升遷的唯一影響因素，地緣、親緣等網絡亦有其重要性，惟學緣網絡爲較全面支配台銀人事晉升的準則，地緣〔註 12〕、親緣〔註 13〕等網絡則較屬特例。以下說明學緣網絡影響台銀人事升遷較重要的四個規則：

（一）大藏省握有台銀人事的決定權，其指派的正副董事長、理事多為東京帝大政治科、英法科，故造成這二科在台銀內擁有最優先晉升的機會

台銀的資本以國家、皇室資本爲主，根據 1911 年的資料，當時台銀的資本額 1,000 萬圓，總股數爲 100,000 股，其中，大藏省、皇室宮內省的持股數分居第一、第三名，各擁有 10,000、5,400 股，〔註14〕故大藏省對於台銀人事握有絕對的支配權，如：台銀的定款即規定：董事長、副董事長由政府選

〔註12〕地緣網絡可以 1927 年島田茂繼任台銀董事長、1937 年和田正彥出任台銀副董事長爲代表。就前例言，根據《台灣實業界》昭和 8 年 12 月號、昭和 9 年 11 月號知：島田茂，岡山縣人，在其接任台銀董事長前夕，大藏省已充斥著岡山閥的力量，故能在岡山閥的支持下，打敗學閥的壟斷，接任台銀董事長。岡山閥自阪谷芳郎在大藏省任官後，即在大藏省生根，其後岡山閥領袖黑田英雄，因一再連任大藏大臣的秘書官，更在大藏省建立起盤根錯節的勢力，在島田茂爭奪台銀董事長前夕，黑田英雄已升任大藏省次官，而且藏相高橋是清亦唯黑田之言是聽。島田茂自學生時代起，即經常出入黑田家中，堪稱黑田之嫡系，在岡山閥的運作下，島田以大藏省一個特殊銀行課長的身份，躐等晉升爲台銀的董事長，一反台銀董事長由東京帝大政治科壟斷的情勢，以東京帝大經濟科畢業者接任董事長。島田茂的後任保田次郎、水津彌吉亦皆是岡山人，他們能出任董事長，或多或少也與岡山閥有關。就後例言，根據《台灣實業界》昭和 12 年 7 月號知：1937 年，台銀的副董事長爲吉田勉，當時正值台灣總督府人事更迭，由廣島人小林躋造入主總督府，小林打算任命同鄉的賀屋興宜擔任總務長官，並計畫在台銀安插勢力，恰巧此時廣島人和田正彥亦有意角逐台銀副董事長。於是和田在老鄉、老同學賀屋興宜的牽線下，攀上也是廣島人的台灣總督小林躋造，不顧吉田爲其東京帝大政治科高三屆的學長，拜託小林總督逼退吉田勉。在擁有台銀第二監督權的小林總督協助下，吉田黯然下台，廣島閥和和田成功奪取台銀副董事長之位。

〔註13〕就親緣網絡言，如：台銀首任董事長添田壽一，即努力栽培其婿柳生一義，其後果然由其女婿柳生一義繼任台銀董事長。

〔註14〕杉浦和作，《台灣商工人名錄》（台北：台北商工人名錄發行所，1912 年），頁 58～60。

任持股百股以上之股東擔任，任期五年；理事則在股東大會時，自持股五十股以上之股東，推選應選名額二倍的候選人，再由政府選任，任期四年；至於監事，則是在股東大會時，推舉持股三十股以上的股東擔任，任期三年。〔註15〕

由於台銀正副董事長、理監事的任命權，掌握在大藏省手中，第二監督權才操於台灣總督府，故輿論認為台銀為大藏省的台銀，而非台灣的台銀。〔註16〕每次台銀正副董事長、理監事出缺時，「大藏省幫」就會競相爭逐，如：櫻井鐵太郎、島田茂分別以大藏省的專賣局長、特殊銀行課長，空降為台銀董事長，森俊六郎、和田正彥兩人則皆以大藏省銀行局長，轉任台銀副董事長。〔註17〕

而大藏省指派的正副董事長、理監事，以東京帝大政治科、英法科畢業者居多，政治科出身者，董事長至少有：柳生一義、中川小十郎、保田次郎等 3 人，副董事長亦至少有：柳生一義、中川小十郎、森俊六郎、吉田勉、和田正彥、上山英山等 6 人，理事則有：江崎眞澄、久宗董 2 人；英法科出身，任理事者至少有：佐田家年、池田常吉、山本善治 3 人，監事則有：佐田家年 1 人。

這造成東京帝大政治、英法兩科在台銀的勢力獨大，結成學閥，壟斷最優先的晉升機會，晉級速度遠較其他校系畢業者為速，即使同是東京帝大畢業，德法、法法、經濟、農學等其他科系者亦難望這兩科的項背，如：由書記升助役補，岡戶諭介（政治科）、奧山章次郎（政治科）、吉野小一郎（政治科）、池田常吉（英法科）等人只要 1～4 年，而阿部善次郎（德法科）、兒玉敏尾（德法科）則耗 9 年始成。再如：由書記升至理事的時間，佐田家年（英法科）、池田常吉（英法科）、山本善治（英法科）、久宗董（政治科）、吉田勉（政治科）分別為 11、17、26、13、17 年，荒木正次郎（德法科）則費 20 年，荒木只比山本善治為速（參見表 3-1-1）。

再看吉田勉與荒木正次郎升遷的過程，更可為政治科、英法科壟斷台銀高層人事的絕佳註腳。荒木正次郎、吉田勉兩人分別在 1907、1910 年自赤門東京帝大畢業，兩人畢業後皆隨即進入台銀工作，故無論在學校或台銀的資

〔註15〕《台灣銀行四十年誌》（台北：台灣銀行，1939 年），頁 27～28。
〔註16〕《台灣實業界》昭和 13 年 5 月號。
〔註17〕《台灣實業界》昭和 8 年 12 月號、昭和 13 年 11 月號。

歷，荒木正次郎都是吉田勉的學長，但可惜的是荒木出身德法科，吉田勉卻畢業自在台銀掌權的政治科，這影響了兩人的前途。荒木升任助役補、助役的年份，雖先於吉田，但兩人卻同在 1927 年上、下半年升任理事，荒木只領先吉田半年而已。更令荒木氣結的是，1934 年台銀副董事長出缺時，即使荒木打電報自薦、極力爭取，〔註 18〕大藏省仍跳過首席理事的荒木，由吉田升任副董事長，荒木以學弟吉田躍等晉升，一直無法釋懷，終於在 1937 年初辭卸理事，返回日本內地，〔註 19〕至 1940 年，才應台灣商工銀行之邀再度赴台繼任董事長。〔註 20〕

（二）在大學、專門學校層級中，非東京帝大政治科、英法科出身者，即使為東大、京大、慶大、早大等名校畢業生，亦難晉升至台銀理、監事以上的階層，故紛紛轉往其他企業發展

在本文所蒐集的資料中，〔註 21〕在大學、專門學校層級，非東京帝大政治科、英法科出身，而能任台銀理、監事以上階層者，僅有島田茂（東京帝大經濟科）任董事長、荒木正次郎（東京帝大德法科）任理事、水津彌吉（京都帝大法科）任董事長三例而已，在此情勢下，其他校系的畢業生只好轉進其他企業，以求發展。

根據表 3-1-1，在大學、專門學校層級中，東京帝大政治科、英法科畢業者共計 18 人，除久宗董、土居政次轉離台銀外，其餘 16 人皆留在台銀發展，而且，前者是以台銀代表者，轉任昭和製糖專務董事，以監督、保障台銀的債權，後者則是應同期畢業同學、台電副董事長田端幸三郎之邀，〔註 22〕轉任台電理事，專門處理台電與台銀的關係，兩人皆屬自願且仍與台銀高度相關。

但在非此二科畢業的 40 人中，竟高達 20 人轉換跑道，比例高出政治、英法兩科畢業者甚多。其中，東京帝大德法科 4 人，兒玉敏尾轉任新高銀行

〔註 18〕《台灣實業界》昭和 9 年 6 月號。
〔註 19〕《台灣實業界》昭和 12 年 4 月號。
〔註 20〕《台灣實業界》昭和 15 年 5 月號。
〔註 21〕台銀董事長櫻井鐵太郎、副董事長下阪藤太郎、理事梶原磯辰、理事南新吾、監事小林蹄四郎、理事本橋兵太郎等人，在本文現有的資料中，僅記東京帝大法科畢業，至於是法科中的那一科，並未明記。
〔註 22〕《台灣實業界》昭和 15 年 7 月號。田端幸三郎與土居政次皆為東京帝大 1912 年畢業的同期生。

常務董事（後再轉任台灣商工銀行常務董事）、荒木正次郎轉任台灣商工銀行董事長、有田勉三郎轉任華南銀行副總理、與田四郎轉任台灣商工銀行專務董事。慶應義塾大學理財科 5 人，深江彥二轉任台灣商工銀行台南支店長、松浦新平轉入台灣製紙、近岡源三轉入復興建築助成會社、高井廉造轉任台陽礦業代表董事、丸山珍樹轉任台灣炭業專務董事。京都帝大 3 人，三卷俊夫轉任台灣倉庫專務董事、百崎富弘轉任新興製糖重役、柳悅耳轉任南日本製鹽專務董事。早稻田大學政經科 2 人，坂本信道轉任台灣商工銀行常務董事、森本健治轉任台灣商工銀行鳳山出張所長；和佛法律學校 2 人，小林清藏轉任台灣商工銀行經理、生野數馬轉任彰化銀行台北支店長。其他尚有：東京帝大農學科的古賀武德，轉任昭和製糖本社經理；華盛頓大學的土居才吉，轉任華南銀行新加坡支店長；明治法律學校的坂本素魯哉，轉任彰化銀行經理；關西法律學校的岩瀨啓造，轉任彰化銀行桃園支店長。

　　這些在台銀升遷中的失意者，以轉進可視為台銀子銀行的台灣商工銀行最多，〔註23〕共計 7 人，東京帝大德法科由於多人先後轉入該行擔任要職，所以逐漸在該行另立山頭，反過來排斥東京帝大政治科出身者，如：荒木正次郎 1940 年出任台灣商工銀行董事長之際，該行董、監事原欲安排東京帝大政治科出身的馬渡義夫，出任專務董事兼經理，輔佐荒木，但飽受政治科壓抑的荒木卻技巧拒絕，改由同為德法科畢業的與田四郎，出任專務董事兼經理。〔註24〕

（三）東京高等商業學校的畢業生，在台銀內的勢力極強，雖無緣獲任正副董事長，但晉升理事的速度，除略遜於東京帝大政治、英法兩科的畢業生外，遠勝於其他著名大學、專門學校的畢業生

　　東京高商即今日日本名校一橋大學的前身，在本文蒐集的 127 名台銀領導幹部中，共計 16 人出身該校，高過京都帝大（6 人）、慶應義塾大學（7 人）、早稻田大學（2 人）三所名校的總和。再者，同級的其他高商能進入台銀擔任領導幹部者亦僅 11 人，即：神戶高商 3 人、下關高商 2 人、山口、鹿兒島、大阪、橫濱、函館、宮崎等高商各 1 人，換言之，其他高商人數的總和，尚不敵東京高商一校。

〔註23〕《台灣實業界》昭和 15 年 9 月號。
〔註24〕《台灣實業界》昭和 15 年 9 月號。

　　更驚人的是，這 16 人中雖無人能升任正副董事長，但竟有守永久米松、近藤清三、山本健治、玉置知仁、成田文雄、平野藤三 6 人能高升理事。1930 年代中晚期以後，在台銀 3～4 席的理事中，東京高商的畢業生常能掌握 1～2 席，足見東京高商在台銀內的雄厚實力。

　　再就升遷的速度言，由書記升助役補的時間，東京高商出身的守永久米松、宮澤壽男、鐙谷一郎約費 6～8 年，雖遜於東京帝大政治科、英法科的 1～4 年，卻較東京帝大德法科、不明學歷者平均 9 年、9.17 年爲速（參見表 3-1-1）。再看由書記升理事的時間，守永久米松、近藤清三、山本健治、玉置知仁、成田文雄、平野藤三分別爲 19、24、23、24、26、24 年，略遲於東京帝大政治、英法兩科、德法科平均的 16.8、20 年（參見表 3-1-1），但東京高商升任理事的人數，卻遠遠超過東京帝大德法科。

　　再舉玉置知仁與山本善治爭奪理事的過程，更可窺見東京高商勢力的強大。玉置知仁 1911 年東京高商畢業，1913 年進入台銀工作，山本善治 1912 年東京帝大英法科畢業，隨即進入台銀任職，雖然就學校的畢業時間言，玉置早了山本一年，但就台銀的資歷言，山本卻早了玉置一年，故兩人在資歷上堪稱旗鼓相當、不分軒輊。在 1937 年台銀理事出缺時，因東京帝大英法科在台銀一向擁有優先晉升的機會，所以一度傳言將由山本善治升任理事，但最後卻由東京高商出身的玉置獲勝，〔註 25〕可見東京高商幫力量的雄厚。

　　再者，在玉置、山本角逐理事的過程中，饒有意思的是，吉田勉、荒木正次郎竟能拋棄政治科與德法科競爭的心結，攜手支持同爲東京帝大法科系統畢業的東京支店經理山本善治，〔註 26〕可見日人學閥觀念之重。但東京高商幫的玉置知仁，與大藏省關係密切，藉著他在大藏省的豐沛人脈，仍舊脫穎而出，先升任理事。

　　然此一恩仇未泯，在 1934 年 5 月～1935 年 4 月台銀董事長出缺時，吉田勉以副董事長的身份代理董事長，並強力運作由其眞除董事長，牴觸大藏省向來的空降政策，開罪大藏省。在保田次郎接任董事長後，吉田勉又在旁虎視眈眈，導導致保田的不安。〔註 27〕再加上，在玉置、山本競爭理事的

〔註 25〕《台灣實業界》昭和 13 年 5 月號。
〔註 26〕《台灣實業界》昭和 12 年 4 月號。
〔註 27〕《台灣實業界》昭和 15 年 4 月號。

過程中，吉田支持山本，亦引發玉置的不悅，〔註28〕故在 1937 年 3 月玉置升任理事後，即以東京高商在台銀內的雄厚實力，支持保田次郎董事長整肅吉田勉。5 月，吉田在保田、玉置的聯手運作下，遭大藏省逼退，黯然下台。〔註29〕

其後，保田次郎也與大藏省發生摩擦，在任期未滿前即已辭職。1939 年 5 月，水津彌吉接任董事長，吉田勉又開始活躍，他支持水津鞏固勢力，剷除保田的人馬，〔註30〕玉置知仁當然也是重要目標之一。數個月後，玉置在任期未滿即被迫辭退，由本橋兵太郎（東京帝大法科）、平野藤三（東京高商）郎兩人接任理事，〔註31〕事件始告落幕。

在此吉田勉與玉置知仁長達五、六年的鬥爭中，可以看到學閥運作的力量，例如：荒木放下東京帝大政治科壓迫德法科的仇恨，與吉田勉共同支持東京帝大英法科的山本善治升任理事，因為德法、政治、英法皆屬東京帝大法科，故三人可在東京帝大法科的大旗下，同仇敵愾抵制東京高商的玉置知仁。

但僅以學閥決定分合的亦非絕對，例如：吉田勉和保田次郎同為東京帝大政治科畢業，兩人卻鬥得不可開交，保田引用以玉置知仁為首的東京高商幫勢力，其後，吉田亦為京都帝大法科的水津彌吉獻策，鏟除保田、玉置的人馬。最後由東京帝大法科出身的本橋兵太郎、東京高商畢業的平野藤三郎同時出任理事，平衡雙方勢力，此一多年恩怨始漸平息。

（四）戰後在日本企業界所流行的年功序列、終身雇用制，在日治時期的台銀已見雛形，尤其是在 1930 年代中晚期以後益加明顯

就年功序列言，台銀的人事內規規定：帝國大學、高等商業學校、私立大學、其他同等學校畢業者，以「書記」採用；甲種商業學校及中學校畢業、學業優秀者，以「見習書記」採用，成績優良者，再晉升書記，成為正式行員後，即依年功序列及業務表現循序升級。〔註32〕可見除學歷優劣外，年功

〔註28〕《台灣實業界》昭和 13 年 5 月號。
〔註29〕《台灣實業界》昭和 13 年 8 月號。
〔註30〕《台灣實業界》昭和 14 年 7 月號。
〔註31〕《台灣實業界》昭和 14 年 10 月號。
〔註32〕《台灣銀行二十年誌》（台北：台灣銀行，1919 年），頁 450～451。

序列是台銀人事晉升的首要考量。

綜合學歷優劣、年功序列兩種因素，原本台銀的人事升遷速度，最快者應是帝國大學畢業者，其次為東京高商、著名私立大學（如：慶應義塾大學、早稻田大學）畢業生，第三為其他公立高商、專門學校、一般私立大學出身者，第四為中等學校、實業學校畢業者。但如前所述，東京帝大政治、英法兩科畢業生的升遷速度，卻明顯超過帝國大學其他科系畢業者，而東京高商的畢業生升遷機會，不僅優於其他高商、專門學校、私立大學，甚至也不下於帝國大學（除東京帝大政治、英法兩科以外）的畢業生。

然這是學閥私下運作所形成的慣例，不像年功序列則是台銀人事升遷的明文規定。荒木正次郎理事之所以抑鬱難平，即是年功序列的規定，他不平學弟吉田勉為何可以超越他，先升任副董事長，可見如不按年功序列升遷，很容易引發軒然大波。

綜觀本文所蒐 127 名台銀領導幹部的升遷過程，大體而言，除東京帝大英法、政治兩科、東京高商的畢業生，其人事升遷較快於原本應有的速度外，年功序列原則大致在各學歷層內被嚴格遵奉，明顯違反者並不多見。〔註33〕

再就終身雇用制言，如前所述，在大學、專門學校層級，共有 67 人，其中，東京帝大政治科、英法科出身而轉業者有 2 人；其他國立、私立大學、專門學校出身而轉業者共 21 人，科別不詳者 3 人。在中學校、高商這一層級，共 34 人，東京高商出身而轉業者 3 人；其他學校出身而轉業者 9 人。在學歷不詳共 23 人中，轉業者共 6 人。加總起來，在 127 名台銀領導幹部中，轉任其他企業者共有 44 人之多，約佔 34.6%，轉業之風不可謂不盛，但再細看資料，可以發現：在 1934 年以後轉任者，只有 10 人，僅佔 7.9%，可見在 1930 年代中晚期以後終身雇用制已在台銀逐漸穩固。

台銀幹部轉往其他企業，以銀行、製糖兩業佔大多數，其次為與台銀有貸款關係的公司，如：台陽礦業、台灣倉庫等，再次為台灣拓殖、台灣電力等官控會社。台銀供給了各企業所需的經營人才，包括：正副支店長、課長、

〔註33〕較明顯違反者，僅有東京高商的平野藤三超越同校的成田文雄先任理事，平野 1915 年東京高商專攻部畢業，成田則在 1913 年東京高商專攻部畢業，平野 1915 年進入台銀，成田則在 1914 年就已進入台銀，故按年功序列言，成田應先升理事，但平野卻超越先升理事。

經理等中堅幹部，甚至常務董事、專務董事、正副董事長等高階主管，值得注意的是，台銀亦隨這些經營人才的流動大幅擴張勢力，建構出一個版圖遼闊的台銀王國。而這些多半在台銀升遷中失意的專業經理人，也為自己開創出一片天地。〔註34〕

這些轉換跑道的台銀菁英，仍盤據銀行界較著名者，在台灣商工銀行有：任董事長的邨松一造、荒木正次郎；任常務董事、專務董事的小倉文吉、兒玉敏尾、江上恒之、與田四郎、坂本信道；任經理的小林清藏、荒井賢次郎、藤田輝三；任正副支店長、出張所長的深江彥二、森本健助、松岡忠毅。在彰化銀行有：任董事長的坂本素魯哉、坂本信道；任經理的岩瀨啓造；任支店長的生野數馬。在華南銀行有：任副總理的山中義信、有田勉三郎；常務董事的菊川丈夫、竹藤峰治；任支店長的土居才吉。在新高銀行有：任常務董事的兒玉敏尾、小倉文吉；任課長的松崎翠。在嘉義銀行有：任高級顧問的福地載五郎；任常務董事、專務董事的山口清、荒井賢次郎；任經理的藤田輝三；任副店長的伊地知季彥。在台灣儲蓄銀行有：任董事長的邨松一造。

轉入新式製糖公司者較著名，在昭和製糖有：任專務董事的久宗董、山瀨肇；任經理的古賀武德、任主事補的鈴木伊勢教；在東洋製糖有：任董事長的下阪藤太郎、任主事的山口清；在鹽水港製糖有：任常務董事的大西一三、任常務監事的長谷川貞成。此外，還有在新興製糖任董事的百崎富弘、在台東製糖任常務董事的重森碓太。

其他重要者，在台灣倉庫有：任專務董事的三卷俊夫、任董事的瀨谷房之助；在台陽礦業有：任代表董事的高井廉造、任董事的田中榮。此外，還有任台灣拓殖副董事長的久宗董、任南日本製鹽專務董事的柳悅耳、任台灣電力理事的土居政次、任台東開拓專務董事的渡邊與一、任高砂麥酒專務董事的荒井賢次郎。

〔註34〕《台灣實業界》昭和14年1月號、昭和13年9月號。《台灣實業界》雜誌認為台灣倉庫專務董事三卷俊夫，較久宗董更早進入台銀，久宗董能升任理事，三卷如未離開台銀，應也可以升任理事。另外，該雜誌也認為台灣商工銀行董事長兼台灣儲蓄銀行董事長邨松一造，自台銀草創之初，即由日銀轉入台銀，其如未離開台銀最後應能升任董事長，但實際上台銀為學閥壟斷，三卷、邨松如未離開台銀，最後一定受阻於學閥，必難升任理事、董事長，無法為自己開創一片天空。

第二節　在大型製糖企業的運作
──以台糖、日糖、明糖、鹽糖爲例

　　台灣製糖、大日本製糖、明治製糖、鹽水港製糖，號稱日治時期台灣四大製糖會社，至日人撤退前夕，四社的資本額已分別達到 6,420、9,617、5,800、6,000 萬圓，皆爲台地資本額名列前矛的大企業，故以此觀察學緣網絡對大型企業人事升遷的影響，誠爲良好的切入視角。

一、台灣製糖

　　台灣製糖（以下簡稱「台糖」）創立於 1900 年，爲全台第一家新式製糖公司。〔註 35〕日人治台之初，台灣的製糖業僅有粗陋的糖廍，總督府亦主張採取漸進政策，質疑一舉設立新式製糖工廠成功的可能性。1899 年，殖產課技手山田熙，提出設立 3,000 萬圓新式製糖廠的計畫，意見與課長相左，後得後藤新平民政長官贊許，向兒玉源太郎總督提出。兒玉總督採用一個小小技手的見解，說服三井出資，〔註 36〕並撥付 12,000 圓的建廠補助金，〔註 37〕1900 年 12 月，由益田孝、鈴木藤三郎、田島信夫、上田安三郎、武智直道、長尾三十郎、R.W. Irwin 等人發起，在高雄橋仔頭設立資本額 100 萬圓的台灣製糖。〔註 38〕

　　台糖第一任董事長鈴木藤三郎爲天才發明家，第二任董事長藤田四郎曾任農商務省次官，〔註 39〕兩人皆鮮少親赴台地承擔經營實務，眞正在台擘畫建設者爲山本悌二郎（1870～1937）。山本初任經理，親立第一線，對抗疫癘及台人義軍的騷擾，在總督府出動軍隊的保護下，建廠終獲成功，〔註 40〕其亦因功升任專務董事，成爲台糖實際的領導人。再者，山本也熱衷政治，多次在故里新潟縣當選眾議員，爲政友會的要角，1927 年，更辭卸台糖董事長

〔註 35〕　台糖爲日本分蜜製糖會社的始祖。
〔註 36〕　三井財閥因係台糖主要股東，故握有台糖製品一手販售權。
〔註 37〕　黑谷了太郎，〈台灣製糖界の企業主體の變遷〉，《台灣時報》昭和 10 年 1 月號（台北：該社，1935 年 1 月）。
〔註 38〕　橋本白水，《台灣統治と其功勞者》（台北：南國出版協會，1930 年），頁 83～86。
〔註 39〕　《台灣實業界》昭和 14 年 11 月號。
〔註 40〕　橋本白水，《台灣の事業界と人物》（台北：南國出版協會，1928 年），頁 144～145。

之職，入閣擔任農林大臣，成爲台灣發跡者出任大臣的第一人。〔註41〕

山本霸氣十足，台糖在山本的領導下，蒸蒸日上，〔註42〕不僅先後完成後壁林、大響營、萬隆三大農場，爲台糖札下深厚的基礎，〔註43〕重要的增資與合併亦多完成於其任內，如：1906 年，增資爲 500 萬圓，並新設橋仔頭第二工廠、後壁林製糖所；1907 年，合併大東製糖，資本額增爲 1,000 萬圓；1909 年，合併台南製糖，增資爲 1,200 萬圓，並設立車路墘製糖所；1910 年底，股東大會決議大幅增資爲 2,400 萬圓；次年，收購英人怡記製糖，增資爲 2,550 萬圓，並增設三崁店製糖所；1913 年，合併埔里社製糖，再增資爲 2,750 萬圓；1916 年，併購台北製糖，資本額增爲 2,980 萬圓；1920 年，一舉增資爲 6,300 萬圓，並新建東港、九州兩個製糖所；1927 年，再自鹽水港製糖收購旗尾、恆春兩個製糖所。〔註44〕

1927 年 4 月，田中義一組閣，山本應邀入閣任官，由溫厚的武智直道（1870～？）繼任台糖董事長。武智早在 1891 年即受外交使館之託，至爪哇負責日人移民及當地製糖事務，爲日本最早的「糖業通」，故台糖創立時，亦邀請他擔任發起人，後武智長期擔任台糖常務董事，將爪哇經驗用於台糖建設，並在山本離台後，繼掌台糖及糖業聯合會理事長。

對照山本悌二郎的霸氣，武智直道顯得十分溫厚，在武智任董事長 12 年餘的期間，台糖雖致力守成，幾無任何擴張，但台糖「不動如山」的企業特色，亦逐漸彰顯。《台灣實業界》等雜誌多次提及台糖以不動如山爲其企業文化，〔註45〕所謂不動如山係指：台糖社員甚少轉社、退社，台灣本社與東京支社的人事也幾無交流，社員在某一製糖所或職位連續服務超過 10 年者甚多（參見表 3-2-1）。〔註46〕台糖不動如山的企業文化，除可使社員安心任職

〔註41〕《台灣實業界》昭和 4 年 10 月號。

〔註42〕業務蒸蒸日上的台糖，獲得日本皇室的特別信任，1920 年，台糖增資爲 6,300 萬圓時，皇室投資台糖，購買 39,600 股。1923 年，時任皇太子的昭和天皇，特地參觀台糖的阿猴製糖所。1926 年，准許台糖的製品用宮內省的御用標誌。

〔註43〕《台灣實業界》昭和 15 年 12 月號。

〔註44〕台糖在山本時代的擴張，係綜合下列資料而成：鈴木常良，《台灣商工便覽》（台中：台灣新聞社，1919 年），頁 17；橋本白水，《台灣の事業界と人物》（台北：南國出版協會，1928 年），頁 142～156；大塚清賢，《躍進台灣大觀續編》1939 年版（台北：成文出版社復刻版），頁 555～558；竹本伊一郎，《台灣會社年鑑》昭和 18 年版（台北：台灣經濟研究會，1943 年）。

〔註45〕《台灣實業界》昭和 14 年 8 月號、昭和 14 年 11 月號、昭和 15 年 12 月號。

〔註46〕《台灣實業界》昭和 14 年 8 月號。

外，久任亦有助於社員熟稔自身業務，但此特色亦使台糖略顯消沉，僅足守成，致資本規模上，終於在 1939 年被以包容力強大著稱的大日本製糖所超越。〔註47〕

表 3-2-1：台灣製糖係長以上幹部連續在某一職場任職的狀況

姓　　名	任職場所或職位	在該任職場所任係長以上職位之年數	在該任職場所工作之年數
山本悌二郎	專務董事	16	
武智直道	常務董事 董事長	15 12	
益田太郎	常務董事 專務董事	16 14	
平山寅次郎	專務董事	12	
朝吹常吉	董事	20	
草鹿砥吉	董事兼技師長	15	
岩原謙三	董事	13	
R.W. Irwin	監事	21	
丸田治太郎	監事	16	
神代貞三	監事	10	
岡本福太郎	本社農事部	23	
鳥居信平	本社農事部	15	
筧干城夫	本社營業部	16	
奧田常吉	本社土木係	14	
渡邊哲	本社販售係	12	
今吉睦雄	橋仔頭製糖所	21	
溝上喜世人	橋仔頭製糖所	18	
藤卷定吉	神戶製糖所	16	
宇井澂	神戶製糖所	18	
清水政治	後壁林製糖所	14	26 年以上〔註48〕

〔註47〕是年，日糖合併昭和製糖，資本額由 6,197 萬圓，增爲 7,442 萬圓。

〔註48〕《台灣實業界》昭和 15 年 12 月號。

笠勝士	後壁林製糖所	10	
系井益雄	車路墘製糖所	13	
木村一郎	車路墘製糖所	10	
小林繁	三崁店製糖所	17	
佐藤覺一	三崁店製糖所	15	
丸野唯一	東港製糖所	13	
橋田永誠	東港製糖所	16	
林久	灣裡製糖所 東港製糖所	11 10	
中島與市	灣裡製糖所	19	20 年以上〔註 49〕
深山要助	埔里製糖所	16	
茅原太治郎	阿猴製糖所	10	
筒井虎之助	台北製糖所	10	
三善丈夫	旗尾製糖所	12	

資料來源：杉浦和作，《台灣會社銀行錄》（台北：台灣興信所）；千草默仙，《銀行會社商工業者名鑑》（台北：圖南協會）；竹本伊一郎《台灣會社年鑑》（台北：台灣經濟研究會）各年份台灣製糖部份。

說　　明：限於資料，本表僅能統計任係長以上職位者，而連續在某一職場任職年數，亦僅能計算任係長以上職位後之年數，無法計算尚未擔任係長以上職位前的年數，故實際在某一職場任職的年數必定較本表為長。

　　台糖不動如山的企業文化，除與武智個人溫和的領導風格有關外，亦與台糖內多由東京帝大出身者掌權有關，由於東京帝大畢業生多進入官界，任官者自易較為穩重、保守，與台糖不動如山的企業文化頗為相符。

　　本文蒐集了台糖 85 位領導階層的畢業學校，其中，出身東京帝大者，共33 人，佔總數的 38.8%，其他學校並無一校能夠超過 10%（參見表 3-2-2），故東京帝大畢業生在台糖內的地位，亦遙遙領先其他各校。根據表 3-2-3 可知，在曾任製糖所長的 25 人中，東京帝大畢業者，計有：草鹿砥吉、鳥居信平、筧干城夫、佐藤覺一、系井益雄、清水政治、茅原太治郎、笠勝士、丸野唯一、安田良成、三浦專一、松山直文等 12 人；東京高工畢業者，計有：橋田永誠、間宮豐造、中島與市、宇井澂等 4 人；大阪高工畢業者，計有：藤卷定吉、今吉睦雄等 2 人；東京農大畢業者，計有：小林繁、溝上

〔註 49〕《台灣實業界》昭和 14 年 8 月號。

喜世人等 2 人；京都帝大、北海道帝大、九州帝大、明治大學、旅順工學堂畢業者，各 1 人，即：金木善三郎、高野浩、友杉幸次郎、深山要助、田原誠助。

　　再如：在任董、監事以上職位的 29 人中，〔註50〕學歷不詳者，計有 18 人；東京帝大畢業者，計有日比孝一、草鹿砥吉、鳥居信平、筧干城夫、武智勝、清水政治等 6 人；慶應大學畢業者，計有武智直道、益田太郎、丸田治太郎等 3 人；獨逸協會、東京高商畢業者，各有 1 人，即山本悌二郎、平山寅次郎。

表 3-2-2：台灣製糖領導階層的畢業學校

畢　業　學　校	人　數	百分比
東京帝大	33	38.8
東京高工	8	9.4
台北帝大	7	8.2
札幌農學校、北海道帝大	5	5.9
京都帝大	5	5.9
慶應大學	4	4.7
九州帝大	4	4.7
大阪高工	4	4.7
大阪帝大	3	3.5
東北帝大（非農業類科）	2	2.4
東京高商	2	2.4
東京農大	2	2.4
其他私大	3	3.5
其他	3	3.5
總計	85	100.0

資料來源：根據表 3-2-3 整理統計。

〔註50〕台糖對董、監事人數有所控制，社員能升任董、監事以上職位者十分有限，故在此僅蒐得 29 人曾任董監事以上職位者，台糖所長級的人物，在其他製糖公司應皆可任董、監事。

在不動如山的企業文化下，雖確保台糖營運的穩健，但亦略顯消沉。恰此時，日糖年邁的董事長藤山雷太已交棒給長子，日糖在年輕銳利的藤山愛一郎領導下，持續擴張，1935 年，兼併新高製糖，資本額增為 6,197 萬圓，較台糖僅略少 103 萬圓。次年，武智被迫將糖業聯合會理事長之職，讓賢給藤山愛一郎，打破台糖董事長長期兼任糖聯會理事長的慣例。1939 年，日糖再完成昭和製糖的合併，並在資本額上超越台糖，台糖在製糖界第一的地位動搖，武智乃辭任董事長，由益田太郎繼任。〔註51〕

益田太郎（1875～？），為三井財閥重役益田孝男爵之長子，自 1902 年即進入台糖任職，再任台糖常董 15 年、專董 13 年後，終於升任董事長。益田就任後，即拔擢山本悌二郎之婿筧干誠夫，擔任常務董事，負責台灣本社業務，此亦代表活潑積極的「益田太郎──筧干城夫體制」〔註52〕取代了穩健消極的「武智直道──平山寅次郎體制」〔註53〕。

筧干城夫升任常務董事後，即對不動如山的台糖幹部展開空前未有的大調動，即：一所長退任、六所長移動、三所長新任，〔註54〕他勸資深的東港製糖所所長橋田永誠退休；將中村勘吉由台北製糖所所長調為農務次長、佐藤覺一由阿猴製糖所所長調為研究部次長、今吉睦雄由橋仔頭製糖所長調為灣裡製糖所所長、中島與市由灣裡製糖所所長調為台北製糖所所長、安田良成由埔里製糖所所長調為東港製糖所所長、丸野唯一由台北製糖所所長調為阿猴製糖所所長；並將橋仔頭製糖所次長溝上喜世人、三崁店製糖所次長小林繁、後壁林製糖所次長田原誠助等 3 人，分別扶正為橋仔頭製糖所、埔里製糖所、旗尾製糖所的所長。

1940 年，台糖在日糖、明糖、鹽糖皆進軍華南、南洋的壓力下，益田太

〔註51〕大塚清賢，《躍進台灣大觀續續編》1941 年版（台北：成文出版社復刻版），頁 353。

〔註52〕《台灣實業界》昭和 12 年 10 月號、昭和 13 年 1 月號，言：台糖在 1937 年秋天，展現新氣象，平山寅次郎專務因病打算退休，將由董事鳥居信平升任常務，搭配主事董事筧干城夫，鳥居為水利灌溉工程專家，由其接任可以寄予厚望。但鳥居信平任常務董事方一年，益田太郎即拔擢態度更為積極的筧干城夫擔任常務董事，而將鳥居信平再降回董事。

〔註53〕平山寅次郎為貴族院議員平山靖彥養子，由三井物產支店長轉入台糖，負責台灣現地的業務超過 20 年。台糖只有平山一位重役在台，故其為台糖實際上的董事長，在人事、業務上握有絕對的權威。

〔註54〕《台灣實業界》昭和 14 年 8 月號。

郎、筧干城夫亦將南國產業由 200 萬圓增資爲 500 萬圓，企圖以南國產業爲
基地進軍南洋。〔註 55〕次年 9 月，筧干城夫又配合總督府的統制政策，購併
資本額 120 萬圓的新興製糖，資本額增爲 6,420 萬圓，並增設大寮製糖所，至
此，台南以南的製糖業完全爲台糖所壟斷。〔註 56〕

表 3-2-3：台灣製糖領導階層之學歷及升遷的概況

姓　名	畢業校系	畢業時間	進入企業時間	最初職務	升遷速度	最後職務	備　註
友杉幸次郎	九州帝大應用化學科	1920			10 年升係主任 8 年升製糖所次長 2 年升製糖所長 3 年升研究所支所長	研究所台灣支所長	
重松孝一郎	九州帝大農學科	1932					
遠山一郎	九州帝大農藝化學	1936					
北原健次郎	九州帝大農藝化學科	1934					
清水五郎	大阪帝大釀造科	1934					
義見強	大阪帝大製造科	1938					
二改末喜	大阪帝大釀造科	1940					
藤卷定吉	大阪高等工業學校機械科	1906	1908	機械係長兼土木係長	15 年升製糖所長	神戶製糖所長	
今吉睦雄	大阪高等工業學校釀造科	1908	1910		9 年升係主任 12 年升製糖所長	灣裡製糖所長	
林久	大阪高等工業學校	1910	1910	技手	3 年升係主任 28 年升所次長	灣裡製糖所次長	

〔註 55〕據《台灣實業界》昭和 15 年 4 月號，言：台糖在山本悌二郎時代即設立了南
　　　　國產業，進軍爪哇，但因歐戰後不景氣，山本企圖讓南國產業轉向橡膠、茶
　　　　業，山本去職後，南國產業處境艱困，由資本額 500 萬圓減爲 200 萬圓，至
　　　　益田太郎、筧干城夫上台後始又增資爲 500 萬圓。
〔註 56〕據《台灣實業界》昭和 16 年 7 月號，言：台糖給予新興製糖 300 萬圓的解散
　　　　費，加上 120 萬圓，折合 24,000 股，面值雖僅 50 圓，但台糖依市值給予一股
　　　　200 圓，折合 480 萬圓，故解散費加上股票價值，共計 780 萬圓。最初陳家索
　　　　價 3,000 萬圓，其後讓步爲 1,500 萬圓，但最後以 780 萬圓成交。

內田事	大阪高等工業學校機械科	1910	1910		9年升系主任	工務部機械係主任	
奧田常吉	札幌農學校土木工學科	1908	1908		4年升係主任 22年升參事	參事兼土木係主任	
菅井博愛	札幌農學校農藝科	1909		技師		技師	
杉田茂右衛門	札幌農學校農藝科	1909		技師		技師	
高野浩	札幌農學校	1918			12年升係主任	台北製糖所工場係主任	
手島奎五郎	北海道帝大農學科	1926			16年升係主任	後壁林製糖所次長兼原料係主任	
柳田徹	東北帝大化工科	1936					
木村惠太郎	東北帝大化工科	1941					
渡邊憲	台北帝大農藝化學科	1931					
西川力夫	台北帝大農藝化學科	1934			9年升係次長	旗尾製糖所工場係次長	
中原明	台北帝大農藝化學科	1938					
東村長造	台北帝大	1938					
栗原進	台北帝大政學科	1938					
臼井亨	台北帝大農學科	1939					
塚本雅彥	台北帝大農學科	1941					
安田慶次郎	佐渡農學校		1914			農場主任	
安田良博	京都帝大	1937					
仁瓶康平	京都帝大	1939					
西尾太四郎	京都帝大工業化學科	1921			16年升係主任	後壁林製糖所工場係主任	
大森武明	京都帝大法律科	1928			13年升係長	人事部台灣支部次長	
金木善三郎	京都帝大機械科		1907		12年升製糖所長	橋仔頭製糖所長	曾爲督府土木局官員

深山要助	明治大學專門部法科	1905	1906		13 年升係主任 3 年升製糖所長 16 年升部長	東京出張所人事部長	
日比孝一	東京帝大工科		1900			董事兼技師長	
田畑泰治	東京帝大農藝化學科		1907			製糖所次長	
草鹿砥吉	東京帝大應用化學科	1901	1902		10 年升工場係主任 3 年升製糖所長兼部長 3 年升董事兼技師長	董事兼技師長	
鳥居信平	東京帝大農學科	1908	1914		9 年升部次長 3 年升部長 2 年轉製糖所長 3 年升主事 3 年升董事 4 年升常董	研究部東京支部長	
筧干城夫	東京帝大德法科	1912	1912		7 年升製糖所長 4 年升次部長 4 年升部長 12 年升董事 1 年升常董 3 年升專董	專務董事	山本悌二郎女婿 曾任督府評議員
佐藤覺一	東京帝大農藝化學科	1912	1913		6 年升製糖所長次長 4 年升製糖所長 16 年升部次長 1 年升部長	爪哇事務所代表	
系井益雄	東京帝大應用化學科	1913	1913		6 年升係主任 4 年升製糖所長 12 年升部長	研究所東京支所長	
清水政治	東京帝大農學科	1914	1914		5 年升係主任 4 年升製糖所長 9 年升部次長 4 年升部長 2 年升董事 2 年升常董	常務董事	
茅原太治郎	東京帝大農學科	1914	1914		9 年升係主任 9 年升製糖所長	後壁林製糖所長	
笠勝士	東京帝大	1917			6 年升係主任 12 年升製糖所長	後壁林製糖所長	

丸野唯一	東京帝大農藝化學科	1917	1917		9年升係主任 12年升製糖所長	大寮製糖所長	
武智勝	東京帝大經濟科	1918	1934		6年升常董 2年升專董 1年升董事長	董事長	曾在三井物產任職 武智直道之子
鶴作次	東京帝大德法科	1918	1918		17年升係主任 3年升製糖所次長 1年轉部次長 1年升部長	營業部長	兼台灣砂糖配給董事
安田良成	東京帝大農學科	1919	1919		19年升製糖所長	東港製糖所長	
木村一郎	東京帝大應用化學科	1920	1920		10年升係主任 10年升部次長 2年升部長	工務部長	
井上清	東京帝大農學科	1920					
三浦專一郎	東京帝大機械科	1925			17年升製糖所	後壁林製糖所長	
小今井收夫	東京帝大農化科	1926			14年升係主任	橋仔頭製糖所酒精係長	
中柴義雄	東京帝大機械科	1927			13年升係主任	三崁庄製糖所次長	
松山直文	東京帝大農學科	1929			9年升係主任 4年升製糖所次長 1年升製糖所長	東港製糖所長	
清水稻治郎	東京帝大農藝化學科	1933					
寺師俊夫	東京帝大商業科	1935					
田中正信	東京帝大農學科	1935					
入谷豐彥	東京帝大農學科						
岩田忠夫	東京帝大機械科	1936					
高良忠夫	東京帝大機械科	1936					
清水良平	東京帝大法律科	1938					
吉野一夫	東京帝大法律科	1938					
田畑四郎	東京帝大商業科	1938					
岩城將	東京帝大農學科	1938					

橫山一郎	東京帝大農學科	1938				
大場岩夫	東京帝大政治科	1939				
野澤重雄	東京帝大農科	1939				
御園生晃	東京帝大應用化學科	1933				
橋田永誠	東京高等工業學校				東港製糖所長	
筒井虎之助	東京高等工業學校應用化學科		1904		8年升製糖所長	台北製糖所長
喜多島二虎	東京高等工業學校		1907	技師	5年升工場係主任 11年升部長	工務部長	台南製糖專董轉入
河中助次郎	東京高等工業學校		1908				
桑原貫一	東京高等工業學校建築科		1909				
間宮豐造	東京高等工業學校應用化學科	1904	1915	製造係主任	4年升製糖所長 4年轉工務部次長	工務部次長	曾在日糖任職以新高製糖工務長轉入
中島與市	東京高等工業學校機械科	1909	1913	機械係主任	7年升製糖所長	台北製糖所長	
宇井澂	東京高等工業學校	1910	1911		8年升係主任 21年升製糖所長	九州製糖所長	
平山寅次郎	東京高等商業學校、遊學英國	1897	1910	營業部長	7年升董事 6年升常董 4年升專董事	專務董事	貴族院議員平山靖彥養子
渡邊哲	東京高等商業學校	1909	1914	販售係主任	5年升係主任 15年升部次長 5年升部長	主計部長	
小林繁	東京農大				16年由係主任升製糖所長	阿猴製糖所長	
溝上喜世人	東京農大高等科	1914	1914		10年升係長 14年升製糖所長	三崁店製糖所長兼灣裡製糖所長	
吉田鶴次郎	美國工業學校土木工學		1913				
田原誠助	旅順工科學堂機械工學科		1915		12年升係長 11年升製糖所長	旗尾製糖所長	

岡本福太郎	專修學校理財科		1901	農務部長		農務部長	台南支廳長轉入
山本悌二郎	獨逸協會、遊學德國	1886	1900	經理		董事會長	入閣擔任農林大臣
益田太郎	慶應大學畢業、比利時安特衛普商業學校		1902	董事	15 年由常務董事升專務董事 13 年升董事長	董事會長	貴族院議員三井益田孝之長子
渡邊格二	慶應義塾		1908	庶務課長		庶務課長	台南製糖主事轉入
武智直道	慶應大學研究	1892	1900	董事	12 年由董事升常務董事 15 年升董事長	顧問	
丸田治太郎	慶應義塾理財科	1894	1900		11 年升董事 12 年轉監事	監事	兼任台東製糖專務董事

資料來源：散見各類商工人名錄、會社年鑑等。

二、大日本製糖

　　大日本製糖創立於 1896 年，初名大阪日本精糖，為天才技術家鈴木藤三郎以 30 萬圓在東京木川通所設置。大日本製糖自始即具有強大的擴張性與包容力，經過不斷併購、增資，至日治末期資本額已高達 9,617 萬圓，成為全日本帝國資本規模最大的製糖公司。

　　大日本製糖（以下簡稱「日糖」）能由一個毫不起眼的小公司，發展成資本近億圓的大公司，其中關鍵人物即為藤山雷太，但藤山氏原與日糖並無淵源，是在 1909 年「日糖疑獄事件」發生後，始受澀澤榮一之託，進入日糖整頓，以挽救危局。

　　日俄戰後，大阪日本精糖利用企業勃興的熱潮，連年快速擴張，1905年，增資為 400 萬圓〔註57〕；1906 年，又兼併松本金太郎的東京日本精製糖（1895 年創立）；1907 年，除以 650 萬圓收購鈴木商店在門司的大里製糖所，使資本額一舉增為 1,200 萬圓，亦將社名更改為大日本製糖；1908 年，又併購名古屋精糖，並加速虎尾粗糖工廠的建設。〔註 58〕然就在此時，日糖

〔註57〕日糖已在 1899 年增資 200 萬。

〔註58〕綜參大塚清賢編，《躍進台灣大觀續續編》1941 年版（台北：成文出版社複刻版），頁 300～301；竹本伊一郎編，《台灣會社年鑑》昭和 18 年版（台北：台灣經濟研究會，1943 年），頁 36；大園市藏，《台灣產業的批判》第一卷（福岡：台灣產業的批判社，1927 年），頁 118～131；佐佐英彥，《台灣銀行會社

出資者、監事鈴木久五郎的舉債擴張政策，逐漸露出破綻，公司既無力繳納巨額利息，產能利用率亦不佳，導致存貨堆積如山，恰此時糖價大跌，日糖終於在 1909 年初爆發經營危機。此時，公司的董事磯村音介、秋山一裕、伊藤茂七，透過政友會、大同俱樂部勾結橫井時雄、村松愛藏、粟原亮一等眾議員，在國會提出砂糖官營論，企圖引誘政府收購日糖，以蒙蔽公司虧空破產的內幕，4 月，陰謀敗露，磯村、秋山、伊藤等日糖董事及橫井、村松、粟原等議員皆被補入獄，此即轟動一時的「日糖事件」。〔註59〕事件經報章雜誌渲染，日糖股價一落千丈，瀕臨破產，〔註60〕7 月，董事長酒勻常明博士為示負責，舉槍自盡。〔註61〕

債權人為保障自身的權益，乃央求澀澤榮一推薦人材入社整頓，澀澤說服藤山雷太（1863～1938）接掌日糖。經財務清算，日糖不僅虧損 1,400 萬圓，亦積欠大藏省稅金 400 萬圓，為解決龐大的負債，藤山提出十年償債計畫，以重整日糖。藤山使出起死回生的手腕，讓瀕臨破產的日糖，竟能在 1911 年下半期即有 80 萬圓的獲利及 5% 的分紅，1914 年下半期更有 1,000 萬圓的獲利及 9% 的分紅，幫助日糖在 5 年內即提前還清債務。〔註62〕

藤山雷太經營有術，日糖在其領導下，業績長紅，1915～1920 年的分紅率，由 10% 增為 70%，〔註63〕為擴張蓄積了豐沛的資金。1917 年，日糖增資 600 萬圓，資本額一躍成為 1,800 萬圓。1918 年，合併朝鮮製糖，在平壤設立製糖所，資本額亦增為 2,050 萬圓。1923 年，併購爪哇的內外製糖，資本額再增為 2,725 萬。1927 年，為藤山雷太事業的大突破，一方面大量收購新高製糖的股票，促大倉財閥將經營權委託給日糖，另方面則併吞了東洋製糖，不僅使得資本額暴增為 5,141.66 萬圓，同時，亦接收東洋製糖在北港、斗六、烏日、月眉等 4 個製糖所，再者，也取得了沖繩南、北大東島的製糖所〔註64〕，大幅擴張了日糖的版圖。

　　要錄》（台北：台灣興信所，1920 年），頁 231；林進發，《台灣發達史》（台北：民眾公論社，1936 年），事業篇頁 30～33。
〔註59〕楊彥騏，《台灣百年糖紀》（台北：貓頭鷹出版社，2001 年），頁 40～42。
〔註60〕司馬嘯青，《櫻花‧武士刀》（台北：自立晚報，1988 年），頁 134～135。
〔註61〕大園市藏，《台灣產業の批判》第一卷，頁 120。
〔註62〕大塚清賢編，《躍進台灣大觀（二）》1937 年版（台北：成文出版社複刻版），頁 335～336。
〔註63〕佐佐英彥，《台灣銀行會社要錄》（台北：台灣興信所，1920 年），頁 231。
〔註64〕《台灣實業界》1937 年 6 月號，日糖其後在此設立日東化學工業，為戰後藤

　　藤山雷太在日糖穩若磐石後，〔註65〕乃逐漸將事業交給長子藤山愛一郎
（1897～1985）。1930 年，雷太先安排藤山愛一郎進入日糖，擔任監事，1933
年，更讓愛一郎接任董事長。愛一郎入主後，賡續其父的擴張政策，1935 年，
併購新高製糖，將資本增為 6,197 萬圓，並增設大林、彰化、龍巖 3 個製糖所。
1939 年，與台銀洽談合併昭和製糖事宜，在達成日糖 83 股兌換昭糖 100 股的
比例後，宣佈合併昭和製糖，〔註66〕不僅資本額再大幅增為 7,442 萬，亦增設
玉井、沙鹿、苗栗、二結 4 個製糖所及竹山、大湖、大崗 3 個赤糖廠。〔註67〕
1940 年，在台灣總督府的請託下，自台灣拓殖手中接下福大公司，日糖再將
事業版圖擴及華南。〔註68〕1941 年，除將本社遷至台灣外，又與帝國製糖董
事長松方正熊協商合併事宜，在達成日糖舊股 5 股兌換帝糖舊股 6 股，日糖
新股 3 股兌換帝糖新股 4 股的條件後，〔註69〕松方董事長同意將經營 31 年的
帝糖割愛，不僅使日糖資本額增為 9,617 萬，〔註70〕亦使日糖插足北海道的甜
菜製糖業。

　　日糖在藤山雷太、藤山愛一郎父子兩代的苦心經營下，由瀕臨破產，蛻
變成全日本資本額最大、產糖量最多的公司，其中奧秘即在於藤山家族能夠
利用學閥建構出一套穩固的階層管理。

　　藤山雷太，原為佐賀藩士藤山覺右衛門的三子，其後過繼給伊吹家，長
崎師範畢業後，曾執掌教鞭。然不甘就此埋沒，遂於 1883 年上京，進入福

山家族復興的基石。

〔註65〕綜合《台灣實業界》1933 年 7 月號、大塚清賢編，《躍進台灣大觀（二）》1937
　　　　年版（台北：成文出版社複刻版），頁 335～336 的資料，1930 年代初年藤山
　　　　雷太已是糖界第一大富翁，財產已超過一千萬圓，並任東京商工會議所會頭
　　　　及貴族院議員。
〔註66〕《台灣實業界》1939 年 10 月號，並同意給予昭糖員工 200 萬圓的補償費。
〔註67〕大塚清賢編，《躍進台灣大觀續續編》1941 年版（台北：成文出版社複刻版），
　　　　頁 300～301。
〔註68〕根據《台灣實業界》1940 年 2 月號，1940 年，藤山愛一郎答應接下福大公司，
　　　　但愛一郎為避免台拓的干擾，堅持人事權自主，台灣總督府也表示可以諒解。
　　　　愛一郎迫原福大公司常務董事竹藤峰治退社，由日糖子公司五光商會代表者
　　　　笹田一尚，接任專務董事，並以日糖的堀內透、小出三郎，加上，退職官員
　　　　古澤勝之等三人為董事，福大公司各店經理亦全由日糖幹部接手。笹田一尚
　　　　與藤山家族一樣，亦為慶應大學畢業。
〔註69〕《台灣實業界》1940 年 12 月號。
〔註70〕《台灣實業界》1941 年 1 月號，帝糖員工比照昭糖，亦可獲得 200 萬圓的補
　　　　償金。

澤諭吉所創辦的慶應義塾，此爲雷太人生的重要轉捩點。慶應義塾畢業後，雷太一度從政，1887 年，當選長崎縣會議員，並被推爲議長，但從事政治運動，不爲養父家所喜，乃脫離伊吹家，同時，亦自政界勇退。恰此時，福澤諭吉之外甥中上川彥次郎進入三井銀行整頓，福澤遂將慶應義塾的高足雷太推薦給中上川。1890 年，雷太進入三井銀行，擔任放貸係主任，表現出色，中上川乃將義妹（可能爲妻妹）みね許配給雷太。其後，雷太歷任芝浦製作所所長、王子製紙董事，皆頗有成績，但任東京鐵道專務董事時，因與董事長雨宮敬治郎不合而退。斯時，在澀澤的推舉下，轉入日糖整頓。

雷太出身慶應義塾，又深受福澤諭吉之栽培，故不僅送其子、姪進入慶應義塾就讀，接掌日糖後，亦以慶應義塾畢業生爲核心幹部。早期重用鈴木重臣〔註71〕，中後期則先後拔升金澤冬三郎〔註72〕、秋山孝之輔〔註73〕、永井清次〔註74〕等人。同時，姪兒、兒子自慶應大學畢業後，亦安插進入日糖任樞要之職。1914 年，安排他的姪兒藤山九一進入日糖，〔註75〕1927 年，再拔擢九一爲董事；接著，1929 年，又安插次子藤山勝彥進入日糖〔註76〕；最後，1930 年，更令長子藤山愛一郎進入日糖擔任監事，並於 1934 年，將日糖董事長之位交付愛一郎。

〔註71〕 橋本白水，《台灣統治と其功勞者》（台北：南國出版協會，1930 年），頁 86～87。鈴木重臣，1896 年，慶應義塾畢業，在美濃製紙時代，即爲藤山雷太的舊部，1916 年，任日糖台灣工場理事，長年負責台灣製糖業務。

〔註72〕 大塚清賢編，《躍進台灣大觀續續編》1942 年版（台北：成文出版社複刻版），頁 270～271。金澤冬三郎，1878 年生，1903 年慶應義塾政治科畢業，進入《時事新報》任通信員，渡台後進入日糖，歷任秘書、庶務課長、東京工場主事、總務部理事、大阪工場長兼主事、常務董事、專務董事。

〔註73〕 大塚清賢編，《躍進台灣大觀續續編》1942 年版（台北：成文出版社複刻版），頁 270～271。秋山孝之輔，1884 年生，慶應義塾經濟科畢業後，曾留學美國，後爲雷太所拔擢，歷任日糖販賣課長、商務課長、董事、常務董事、專務董事，並一度兼任新高製糖專務董事。

〔註74〕 大塚清賢編，《躍進台灣大觀續編》1939 年版（台北：成文出版社複刻版），頁 507。永井清次，1889 年生，1913 年，慶應大學畢業後，即進入日糖，歷任台灣支社營業課長、北港製糖所長、台灣支社副理事、董事、常董，並曾兼台灣支社理事，後轉任日糖旗下的日東化學工業常董。

〔註75〕 藤山九一爲藤山雷太之兄子，1879 年生，1902 年慶應義塾理財科畢業，1914 年，在叔父藤山雷太安排下進入日糖任職，歷任董事、常董。

〔註76〕 藤山勝彥爲藤山雷太次子，1905 年生，慶應大學、耶魯大學畢業，1929 年，進入日糖，歷任大阪營業所長、董事、常董。

　　藤山愛一郎繼任董事長後〔註77〕，重用慶應大學畢業者亦不遺餘力，在董、監事方面，先後拔擢了內山虎雄、藤山勝彥、石井照一、鈴木政一等人，在課長、製糖所長方面，亦先後啓用寺岡勝藏、石橋喜代治、飯田幸三、阿部英兒、瀧川純三、江木盛雄、福岡正壽、福井鼎等人。再加上，藤山雷太所遺留下的金澤多三郎、秋山孝之輔、永井清次等人，及自新高製糖、昭和製糖轉入的名取和作、中垣義治等人，曾有 16 名慶應大學出身者同時擔任日糖領導幹部的盛況（參見表 3-2-4）。

　　藤山家族以慶應大學出身者掌理決策核心，但同時也爲東京帝大畢業者留下 2～3 席的董、監事，以吸引優秀的東京帝大畢業生。日糖自身培養的幹部中，東京帝大畢業者升任董、監事以上職位者，計有：伊吹震、庵地佑吉、月岡一郎、岩澤隆、林竹松等 5 人，從東洋製糖、新高製糖、昭和製糖轉入者，先後計有：田村藤四郎、加藤清郎、古賀武德、山本脩策等 4 人。

　　然此難望慶應大學出身者之項背，在日糖中，慶應大學出身擔任董、監事以上職位者，計有：藤山雷太、鈴木重臣、金澤多三郎、秋山孝之輔、藤山九一、藤山愛一郎、永井清次、內山虎雄、石井照一、鈴木政一等 10 人，從新高製糖、昭和製糖轉入者，則有名取和作、中垣義一等 2 人。而且，東京帝大畢業者，只有伊吹震、庵地佑吉、月岡一郎等 3 人，能升至常務董事之位，其中，伊吹震因係雷太之子（伊吹震從雷太養父家姓），方能升任常務董事，並短暫擔任董事長。〔註78〕反觀慶應大學畢業者，則有藤山雷太、藤山九一、藤山愛一郎、藤山勝彥、金澤多三郎、秋山孝之輔、內山虎雄等 7

〔註77〕綜合《台灣實業界》、《躍進台灣大觀》；司馬嘯青，《中日政商風雲誌》（台北：卓越文化事業，1991 年），頁 246～255 的資料。藤山愛一郎（1897～1985），雷太長子，1918 年，慶應大學畢業。1920 年，任集成社董事長。1922 年，遊學歐美各著名大學多年。愛一郎返日後，雷太漸將家族企業交給愛一郎，1928 年，就任日本金錢登錄器董事長。1930 年，進入日糖，擔任監事，1933 年，正式接任日糖董事長。1936 年，接替台灣製糖董事長武智直道，就任糖業聯合會理事長，打破台糖董事長兼任糖聯會理事長的慣例。愛一郎在日本亦兼任諸多職務，共兼任五十多團體和三十多個企業的領袖，並被推爲東京商工會議所會頭、日本商工會議所會頭。戰後，美軍以愛一郎在戰時曾任大政翼贊會總務，解除其所有公職。愛一郎隱忍多年，後賴日東化學工業等企業再度致富，並對岸信介做政治投資，岸信介就任首相時（1957～1960），邀愛一郎擔任外相，成功修訂美日安保條約，三度競選自民黨總裁失利後，轉爲親中派，推動中國大陸和日本建交。
〔註78〕伊吹震，隨雷太養家姓，與藤山愛一郎爲同父異母兄弟。其在 1933 年短暫接任日糖董事長，但隨即在隔年讓位給藤山愛一郎。

人能升任常務董事以上之職位，慶應大學出身者在日糖內受重用的程度，遠遠超過東京帝大出身者（參見表 3-2-4）。

　　在慶應大學、東京帝大之外，雷太也倚重東京高工、札幌農校（其後升格並分入北海道帝大和東北帝大之農科）兩校的畢業生擔任技術幹部。自台灣總督府聘新渡戶稻造入殖產局後，札幌農校即在總督府殖產局和製糖界有相當大的勢力，[註79] 日糖亦不例外。如表 3-2-4 所示：在日糖中，札幌農校畢業者，曾任係主任以上職位者，計有 12 人，僅次於慶應大學的 24 人和東京帝大的 22 人。此 12 人中，有 5 人升至課長或製糖所長，亦僅次於慶應大學的 12 人和東京帝大的 11 人。而升至課長或製糖所長的 5 人中，又有：土井昌逸、山本岩男、中村尚宜、柳澤秀雄等 4 人升任董、監事，其中，自東洋製糖轉入的柳澤秀雄，竟受到特殊的信賴，還升到常務董事。在東京高工畢業生方面，計有 7 人，曾有係主任以上職位者，而 7 人中，有 4 人升至課長或製糖所長，此 4 人中又有：澤全雄、秦米造、小山忠明等 3 人升任董、監事，其中，秦米造能力備受肯定還升至常務董事。

　　再看升遷的速度，亦復如斯，如表 3-2-5 所示，慶應大學畢業者，升至課長或製糖所長，平均花費 15 年，較東京帝大畢業者快了 2.5 年，而東京帝大畢業生，又分別較札幌農校、東京高工畢業生，快了 2.3 年、3.5 年。在升至董、監事的速度方面，慶應大學出身者平均花費 20.33 年，較東京帝大出身者早了 2.92 年，而東京帝大出身者，又分別較札幌農校、東京高工出身者，早了 3.25 年、5.75 年。

表 3-2-4：大日本製糖各學閥擔任各級幹部的人數

擔　任　職　位	慶應大學	東京帝大	札幌農校	東京高工
曾任係主任以上者	24	22	12	7
曾任課長、製糖所長以上者	12	11	5	4
曾任董、監事以上者	12	9	4	3
曾任常董、專董以上者	7	3	1	1
同年任係主任以上職位之最多人數	16	12	10	4

資料來源：根據表 3-2-8 計算整理。

〔註79〕泉風浪，《人と閥》，頁 27。

表3-2-5：大日本製糖中藤山家族和各學閥的升遷速度 　　單位：年

	藤山家族	慶應大學	東京帝大	札幌農校	東京高工
升至係主任	2.00	--	14.00	13.14	13.00
升至課長、製糖所長	4.50	15.00	17.50	19.80	21.00
升至董事、監事	7.00	20.33	23.25	26.50	29.00
升至常務董事	11.33	26.33	--	--	--

資料來源：根據表 3-2-8 計算整理。

　　根據表 3-2-8，在日糖領導階層 106 人中，慶應大學畢業者共 25 人，東京帝大畢業者 27 人，札幌農校系統畢業者 15 人，東京高工畢業者 9 人，此四校即佔 76 人，佔總數的 72.4%，其他學校畢業者，共 29 人，僅佔總數的 27.6%。

　　綜上所述，藤山雷太、藤山愛一郎父子兩代在日糖內，藉學閥吸納慶應大學、東京帝大、札幌農校、東京高工等 4 校的畢業生爲領導幹部，並藉著升遷速度，逐漸建構出→慶應大學→東京帝大→札幌農校→東京高工→其他帝大、私大→其他高商、高工、高農這樣的階層排序，讓藤山家族 5 位成員——藤山雷太、藤山愛一郎、伊吹震、藤山九一、藤山勝彥，能夠迅速而有效的營運日糖業務。〔註80〕

　　在日糖擴張事業版圖的過程中，至少有四次重大的兼併，即：1927 年合併東洋製糖及收購新高製糖的經營權、1935 年的購併昭和製糖和 1941 年的兼併帝國製糖。在合併的過程中，資金、設備的重整已屬不易，但如何將被併公司的舊有幹部融入日糖，更是難中之難。根據表 3-2-6 可知，日糖併吞四家公司，共計有：4 名董事長，2 名專董，4 名常董，14 名董事，11 名監事，96 名課長、製糖所長或工場長、係長，總計 131 人須作安排。在僧多粥少的狀況下，如何汰留方不致引起反彈或影響產能，留用者又如何助其融入日糖

〔註80〕根據《台灣實業界》1932 年 8 月號、1934 年 5 月號，藤山家族不僅讓慶應大學畢業生在日糖擁有優先的升遷權，在只有經營權的新高製糖，亦優先支持慶應大學出身者，如：1932 年時，藤山家族對高島系安排松井琢磨取代日糖出身的野村健董事，並不干涉，其中重要的原因，即爲松井爲慶應大學畢業，而野村健爲東京高工畢業，故藤山家族並不排斥松井；再如：金行二郎、秋山孝之輔皆由日糖轉入新高製糖，但藤山家族一面倒支持慶應大學出身的秋山，而壓迫非慶應大學畢業的金行二郎。

等諸多問題，都有待藤山家族解決。

在這 131 人中，舊有的董事長、專務董事、常務董事等決策者，日糖爲樹立新的領導中心，故全不留用。留用者幾全爲技術人員，總計東洋製糖、新高製糖、昭和製糖、帝國製糖併後第一年分別留用了 10、12、13、8 人，總計 43 人，〔註81〕留用比例爲 32.8%，即約有 1／3 留用（參見表 3-2-7）。

但如何安排這 43 人在日糖中的位置頗費思量，由於藤山家族倚學閥之力，已在日糖建構出慶應大學→東京帝大→札幌農校→東京高工這樣的階層順序，這使得被併者進入日糖後，很快即可找到對應的位置和歸屬的團體，幫助他們融入日糖。更重要的是，藤山家族還可以藉著學閥改造或逐步淘汰被併者，既可避免日糖成員和被併者之間爆發嚴重的衝突，更可保有日糖原有的營運模式，不致變動過巨，此即日糖可以擁有強大包容力的奧秘。東洋製糖轉入的柳澤秀雄一路高升，由係主任升農務課長，再升董事，最後竟能升爲常務董事，這成爲藤山家族在兼併其他製糖會社，安撫人心的活廣告，〔註82〕曾獲致不錯的效果。

表 3-2-6：東洋製糖、新高製糖、昭和製糖、帝國製糖被兼併前的幹部人數

	東洋製糖	新高製糖	昭和製糖	帝國製糖	小　計
董事長	1	1	1	1	4
專務董事	--	--	1	1	2
常務董事	3	1	--		4
董事	5	1	5	3	14
監事	4	3	2	2	11

〔註81〕 即：東洋製糖系統，入來重彥、柳澤秀雄、冬城寬一、濱口榮次郎、望月九一、安原秀也、清水時雄、內山淳太郎、佐藤秀太郎、山之城寬平等人。新高製糖系，大倉喜七郎、下山豐平、小笠原貢橘、井上末吉、宮田利三、宮本正二、大高淑、法元德益、水谷常次郎、杉浦直吉、池田福太郎、內田傳一等人。昭和製糖系，加藤清郎、古賀武德、森脅喬允、猿谷保雄、佐佐木眞甫、西川健治、福西政次郎、宮城雍典、黑木義里、中垣義治、大津嘉納、松浦重龜、木村清等人。帝國製糖系統，山本脩策、今仁森太、森岡靜雄、土岐恒夫、栗屋清、菊池常男、西田與次郎、渡邊獎等人。

〔註82〕 《台灣實業界》1938 年 2 月號、1941 年 1 月號。

課長、製糖所長或工場長、係長（扣除兼任者）	29	20	23	24	96
總計	45	26	32	31	131

資料來源：杉浦和作，《台灣會社銀行錄》（台北：台灣實業興信所）；千草默仙，《會社銀行商工業者名鑑》（台北：圖南協會）；竹本伊一郎編，《台灣會社年鑑》（台北：台灣經濟研究會）相關各號。

表 3-2-7：東洋製糖、新高製糖、昭和製糖、帝國製糖併入日糖後幹部留用的概況

年　份	職　　　務	東洋製糖	新高製糖	昭和製糖	帝國製糖
1928	係長、製糖所長	8	9	--	--
	董監事	3	2	--	--
	常董	0	0	--	--
1929	係長、製糖所長	6	8	--	--
	董監事	3	2	--	--
	常董	0	0	--	--
1930	係長、製糖所長	5	4	--	--
	董監事	3	2	--	--
	常董	0	0	--	--
1931	係長、製糖所長	7	4	--	--
	董監事	2	1	--	--
	常董	0	0	--	--
1932	係長、製糖所長	6	4	--	--
	董監事	2	1	--	--
	常董	0	0	--	--
1933	係長、製糖所長	6	3	--	--
	董監事	1	0	--	--
	常董	0	0	--	--
1934	係長、製糖所長	4	2	--	--
	董監事	1	0	--	--
	常董	0	0	--	--

1935	係長、製糖所長	4	0	--	--
	董監事	1	0	--	--
	常董	0	0	--	--
1936	係長、製糖所長	4	0	--	--
	董監事	1	0	--	--
	常董	0	0	--	--
1937	係長、製糖所長	3	2	--	--
	董監事	0	0	--	--
	常董	0	0	--	--
1938	係長、製糖所長	2	2	--	--
	董監事	1	0	--	--
	常董	0	0	--	--
1939	係長、製糖所長	1	1	--	--
	董監事	1	0	--	--
	常董	0	0	--	--
1940	係長、製糖所長	0	1	9	--
	董監事	1	0	3	--
	常董	1	0	0	--
1941	係長、製糖所長	1	1	9	7
	董監事	1	1	2	1
	常董	1	0	0	0
1942	係長、製糖所長	0	1	7	6
	董監事	1	1	2	1
	常董	1	0	0	0
1943	係長、製糖所長	0	1	7	6
	董監事	1	1	1	1
	常董	1	0	0	0

資料來源：杉浦和作，《台灣會社銀行錄》（台北：台灣實業興信所）；千草默仙，《會社銀行商工業者名鑑》（台北：圖南協會）；竹本伊一郎，《台灣會社年鑑》（台北：台灣經濟研究會）相關各號。

說　明：1927 年，日糖取得新高製糖的經營權，至 1935 年，始兼併新高製糖，故新高製糖1928～1934 年部份，爲舊有幹部留任的狀況，1935 年始爲轉任日糖幹部的狀況。

表 3-2-8：大日本製糖領導階層之學歷及升遷的概況

姓　名	畢業校系	畢業時間	進入企業時間	最初職務	升遷速度	最後職務	備　註
出田正夫	九州帝大農學科	1938	1938				
齋藤憲治	九州帝大機械科	1923	1923		10年升係主任 7年升課長	台灣本社副理事	
和田伯士	九州帝大應用化學科	1928					
西川健治	下關商業學校		1939			竹山製糖所長	昭和製糖轉入
鶴岡延男	大阪帝大機械科	1935					
內山淳太郎	大阪高等工業學校	1912	1927			製糖所工務係主任	以東洋製糖製糖所係主任轉入
小出三郎	大阪高等工業學校機械科	1909	1909		21年升課長 5年升董事	董事兼大東製糖所長	
佐藤佳辰	大倉高等商業學校					營業課長	
足名司馬吉	中學校					鳥日製糖所事務係主任	
今井兼次	札幌農學校			農務系主任；台灣工場創立委員		鐵道部長	
土井昌逸	札幌學農校農學科	1910	1913		10年升係主任 4年升課長 1年轉製糖所長 10年升監事	監事	
山本岩男	札幌學農校農藝科	1912	1916		9年升係主任 9年升工場長 5年升董事 2年轉監事	監事	
松山尚宜 （後更名爲中村尚宜）	札幌農學校農藝化學科	1913			19年係主任 8年課長 3年董事	董事兼爪哇支社長	
清水時雄	札幌學農校農學科	1915	1927			製糖所工務係主任	以東洋製糖製糖所糖務係主任轉入

柳澤秀雄	札幌學農校農藝化學科	1916	1927	係主任	3 年升農務課長 8 年升董事 1 年升常董	常務董事兼農務部長	以東洋製糖農務課長轉入
濱田榮次郎	札幌學農校農藝化學科	1916	1927			製糖所係主任	以東洋製糖製糖所係主任轉入
佐藤秀太郎	札幌學農校農科	1916	1927			製糖所係主任	以東洋製糖製糖所糖務係主任轉入
久富敏行	北海道帝大作育科	1924	1924		11 年係主任 6 年升課長	農務課長	
小粟朗	北海道帝大農學科	1923	1923		17 年升係主任 3 年升製糖所長	爪哇支社製糖所長	
宮島博	北海道帝大農藝化學科	1924	1924		14 年升係主任	虎尾製糖所農務係主任	
一柳俊郎	北海道帝大法科	1926	1926		12 年升係主任	文書係主任	
鈴木藤三	北海道帝大機械科	1929					
間宮正德	北海道帝大農科	1932					
山岸喜久男	北海道帝大農藝化學科	1937					
中村英	台北帝大農學科	1932					
中田榮太郎	台北帝大農藝化學科	1934	1934				
松島秀太郎	台北帝大農藝化學科	1937	1937				
高橋藤四郎	早稻田大學英法科	1918	1920		12 年升係主任 5 年升製糖所長	新竹製糖所長	
加藤詢	早稻田大學商科	1915	1922		10 年升係主任 3 年升製糖所長	彰化製糖所長	
鹽谷誠	京都帝大	1933	1933		8 年升係主任	東京支社文書課文書係主任	
服部壬子彥	京都帝大	1935					
高野正太郎	明治大學法科	1909	1909		14 年升係主任	月眉製糖所庶務係主任	
堀透	東亞同文書院					斗六製糖所長	

小笠原貢橘	東京外國語學校西班牙語科	1912	1924		16年升董事	董事兼企畫課長	轉新高製糖，又返日糖，後再轉入日東化工經理，再返日糖任董事
小野干城	東京攻玉舍	1896	1908		3年升係主任 9年升課長	鐵道課長	
庵地佑吉	東京帝大工科		1914		14年升工務課長 6年升董事	董事	
佐藤正隆	東京帝大法科	1938					
伊吹震	東京帝大法科	1914	1914		6年升董事 3年升常董	常務董事	藤山雷太之子從養父姓
田村藤四郎	東京帝大政治科	1904	1927			監事	以東洋製糖專務董事轉入
望月九一	東京帝大政治科	1910	1927			斗六製糖所長	以東洋製糖董事轉入
石浦誠武	東京帝大政治科	1932					
矢次弘	東京帝大英法科	1928	1928		12年由社員升課長	營業課長	
大山多計二	東京帝大商業科	1923		係主任	11年升係主任	烏日製糖所庶務係主任	以新高製糖庶務係主任轉入
月岡一郎	東京帝大農科					常務董事	
西田與四郎	東京帝大農科	1915	1941			彰化製糖所長	帝國製糖轉入
古賀武德	東京帝大農科	1916	1939	董事		董事兼虎尾製糖所長	以昭和製糖經理兼宜蘭製糖所長轉入
林竹松	東京帝大農科	1917	1919		9年升係主任 5年升製糖所長 8年升監事	監事	
白木新五郎	東京帝大農學科	1921			19年升係主任	虎尾製糖所釀造係主任	
衣裴三郎	東京帝大農藝化學科	1910	1911		16年升課長 4年轉製糖所長 7年升董事	董事兼大東製糖所長	

加藤清郎	東京帝大農藝化學科	1915	1940	董事		董事兼斗六製糖所長	以昭和製糖董事兼玉井製糖所長
山本脩策	東京帝大農藝化學科	1915	1941			董事	由帝國製糖轉入
岩澤隆	東京帝大農藝化學科	1917	1917		16年升係主任 2年升製糖所長 6年升董事	董事兼台中製糖所長	
粟屋清	東京帝大農藝化學科	1918	1941	製糖所長		北港製糖所長	以帝國製糖農務部長轉入
稻垣幾太郎	東京帝大農藝化學科	1919	1919		14年升係主任 9年升製糖所長	爪哇支社製糖所長	
橋本德二	東京帝大農藝化學科	1921	1921		13年係主任 6年製糖所長	台中製糖所長	
澤學	東京帝大農藝化學科	1924	1924		11年係主任 8年升製糖所長	爪哇支社製糖所長	
今田芳直	東京帝大機械科	1931					
船山孝輔	東京帝大機械科	1934					
入來重彥	東京帝大應用化學科	1906	1927			虎尾製糖所長	以東洋製糖常務董事轉入
大森昊	東京帝大應用化學科	1922	1922		21年由社員升課長	台灣支社工務課長	
手代木正雄	東京帝大應用化學科	1924	1924		16年係主任 3年升課長	爪哇支社工務課長	
淺井長康	東京高等工業學校					龍巖製糖所長	
松江春次	東京高等工業學校	1899	1899		7年升技師		轉入斗六製糖任專董兼技師再轉入新高製糖任常務董事
山之城寬平	東京高等工業學校	1906	1927	製糖所長		大里製糖所長	由東洋製糖轉入
秦米造	東京高等工業學校	1913	1920		8年升係主任 4年升製糖所長 7年升董事 1年升常董	常務董事兼爪哇支社長	

澤全雄	東京高等工業學校應用化學科	1896	1906		4年升工場長 15年升董事	董事	
野村健	東京高等工業學校應用化學科	1900	1901			台灣支社工務課長	轉任新高製糖董事
吉村直砂丸	東京高等工業學校應用化學科	1901	1905			台灣支社工務課長	由臨時糖務局囑託轉任
小山忠明	東京高等工業學校應用化學科	1911	1911		12年升係主任 10年製糖所長 7年升董事	董事兼海南島事業部長	
中島一男	東京高等工業學校應用化學科	1920	1920	技手補	14年升係主任 6年升製糖所長	爪哇製糖所長	
酒勺吉藏	東京高等商業學校					出納係主任	自殺董事長酒勺常明之弟
多城完一	東京高等商業學校	1912	1927	係主任	3年升工務課長 2年升製糖所長 6年升董事	董事兼大里工場長	以東洋製糖糖務課長轉入
佐佐木和	東京帝大農藝化學科	1935	1936				
田路市郎治	東洋協會學校	1905	1907		3年升係主任	農務係長	轉入新高製糖任製糖所長
新江泰	松山商業學校	1910	1927			海口事務所長	由東洋製糖轉入
村山誠忠	長崎高等商業學校肄	1906	1910		13年升係主任 12年升製糖所長	鳥日製糖所長	
岡村左右松	長野師範學校	1880	1909	主事	6年升理事	監事	後轉任朝鮮甜菜糖會社重役
安原秀也	宮城農業學校	1903	1927			製糖所係主任	以東洋製糖製糖所農務係主任轉入
山崎英太郎	海軍兵學校	1912	1916		22年升課長 1年升董事 1年升常董	常務董事兼總務部長、經理部長	
下山豐平	神戶高等商業學校						轉新高製糖任主事
松田脩	商業學校	1893	1909				
中垣義治	慶應大學		1939			監事	以昭和製糖東京出張所經理轉入

長谷川寅八	慶應大學					倉庫係主任	
高倉範吉	慶應大學		1909		2年升係主任 4年升部長	營業部長	
藤山雷太	長崎師範學校、慶應大學	1883進入慶大	1909	董事長		董事長	退休後任顧問
藤山勝彦	慶應大學、耶魯大學	1929年耶大畢業	1929		4年升係主任 5年升工場長 1年升董事 2年升常董	常務董事兼台灣支社長	藤山雷太次子
石井照一	慶應大學夜學校		1912	社員	20年升係主任 8年升任董事	董事兼總務部長	
阿部英兒	慶應大學法科					斗六製糖所長	
福岡正壽	慶應大學法科					東京支社總務部商務課長	
瀧川純三	慶應大學法科					東京支社總務部庶務課長	
永井清次	慶應大學法科	1913	1913		14年升課長 7年升董事 5年升常董	常務董事兼台灣支社理事	轉任日東化學工業常務董事
金澤多三郎	慶應大學政治科	1903	1909		14年升董事 11年升常董 5年升專董	專務董事	兼任新高製糖監事，妻愛子爲貴族院議員加藤政之助之女
小倉和市	慶應大學政治科	1906	1911	係主任	10年升營業部長	營業部長	
藤山愛一郎	慶應大學政治科、遊學歐美	1918	1930	監事	2年升常董 2年升董事長	董事長	藤山雷太長子
笹田一尚	慶應大學理財科					福大公司專務董事	
鈴木重臣	慶應大學理財科	1896	1909	大阪工場長	8年升董事	董事兼台灣支社理事	
寺岡勝藏	慶應大學理財科	1920	1920		14年升係主任	斗六製糖所庶務係主任	
飯野幸三	慶應大學理財科	1919	1919		16年升任課長 3年轉營業所長	朝鮮工場長	

石橋喜代治	慶應大學經濟科			6 年係主任升製糖所長	本社副理事	
名取和作	慶應大學經濟科		1935		監事	以新高製糖監事轉入
江木盛雄	慶應大學經濟科				爪哇工場長	
鈴木政一	慶應大學經濟科			3 年由理事升董事	董事	
福井鼎	慶應大學經濟科				烏日製糖所長	
內山虎雄	慶應大學經濟科	1912	1912	26 年升董事 2 年升常董 1 年轉監事	監事	
秋山孝之輔	慶應大學經濟科肄、留學美國			3 年升專董	專務董事	曾兼任新高製糖常務董事
藤山九一	應慶大學理財科	1902	1914	12 年升董事 8 年升常董	常務董事	藤山雷太之姪
橫田太郎	鐵道省講習所高等科				鐵道課長	

資料來源：散見各類商工人名錄、會社年鑑等。

三、明治製糖

　　明治製糖（以下簡稱「明糖」）創立於 1906 年底，明糖的企業文化向以堅實主義著稱，不僅董事鮮少空降，皆由確有勞績的社員拔升，〔註 83〕更建立了原料栽種、製造加工、市場銷售的縱向連鎖經營，根基深固，爲其他製糖會社所不及，〔註 84〕這與領導人相馬半治的任事風格及東京高工壟斷明糖的領導階層有關。

　　相馬半治（1869～1946），原爲犬山藩士之子，後入繼相馬家。1883 年，任小學助教諭；1884 年，教員檢定合格，升任訓導。1885 年，進入陸軍教導團，畢業後擔任下士，1888 年，晉升爲上士，後以未能進入士官學校，辭去軍職。相馬爲考進東京高等工業學校，從軍時經常在教導團的廁所苦讀，〔註 85〕

〔註 83〕《台灣實業界》昭和 7 年 6 月號。

〔註 84〕太田肥州，《新台灣を支配する人物と產業史》（台北：台灣評論社，1940年），頁 461～465。

〔註 85〕《台灣實業界》昭和 7 年 6 月號。

1892 年，終於考入該校的應用化學科就讀。1894 年，中日甲午戰爭爆發，相馬奉召入伍，戰爭結束後，返校繼續學業。〔註 86〕1896 年，東京高工畢業，竟已 28 歲，堪稱苦學力行之人。畢業後，獲母校聘為助教授。1900 年，得手島校長之賞識，獲文部省留學獎金，〔註 87〕赴德國柏林高等工業學校，學習製糖技術，後再轉往美國大學鑽研製糖理論分析，1903 年，獲碩士學位返國，升任東京高工教授。返回日本後，相馬以在名古屋設立製糖廠有利可圖，乃遊說鄉人三菱財閥的小川鉀吉投資，然就在調查之際，日俄開戰，計畫中輟。

1901 年，糖業權威新渡戶稻造應兒玉源太郎、後藤新平之邀，領導台灣糖政，新渡戶聞相馬之才能，1904 年遂招聘相馬負責工務事務，相馬乃兼任台灣臨時糖務局技師，開始投入製糖事業。〔註 88〕

1906 年初，相馬再次遊說小川鉀吉在台設立新式製糖廠，小川徵詢澀澤榮一之意見，認為可行。6 月，小川、相馬等人拜訪財務局長兼糖務局長祝巳辰，詳陳計畫，祝以為時尚早並未同意。後經多方折衝，總督府表示如能獲得內地財閥的資金支持，願樂觀其成。於是，相馬、小川說服澀澤榮一、森村左衛門等財經界巨頭贊助，計畫遂得實現。10 月，在東京召開發起人會議，推澀澤榮一、小川鉀吉、淺田正文 3 人為創立委員。12 月，又召開創立總會，完成設立手續，最初資本額訂為 500 萬圓。同時，會中亦推舉小川鉀吉、相馬半治、淺田正文、薄井佳久、植村澄三郎等 5 人為董事，山本直良、荒井泰治 2 人為監事，然後互選小川擔任董事長、相馬則任專務董事。〔註 89〕

明糖董事長雖為小川鉀吉，但實際負責經營者卻是相馬半治，在相馬的領導下，明糖日益壯大。1908 年，蕭壠工場峻工，開始產糖。1910 年 6 月，合併麻豆製糖、維新製糖，11 月，新設蒜頭工場。1911 年，又增設總爺工廠。1912 年，合併橫濱製糖，加設川崎工場，同時，將資本額增為 1,000 萬圓。1913 年，再收購中央製糖，開辦南投工場，資本額亦增為 1,200 萬圓。

〔註 86〕《台灣實業界》昭和 7 年 6 月號。
〔註 87〕田中一二，《台灣の新人舊人》（台北：台灣通信社，1928 年），頁 511。
〔註 88〕橋本白水，《台灣統治と其功勞者》（台北：南國出版協會，1930 年），頁 89～91。
〔註 89〕大園市藏，《台灣產業の批判》第一卷（福岡：台灣產業の批判社，1927 年），頁 185～194。

1916 年，又在福岡創立戶畑工場。1920 年 4 月，將資本額增爲 3,000 萬圓，10 月，又合併辜顯榮的大和製糖，設立溪湖工場，資本額再增爲 3,250 萬圓。1923 年初，合併北海道的日本甜菜，再添設清水工場，同時，增資爲 3,750 萬圓；10 月，又收購帝國製糖在神戶的精糖工場，改造爲神戶工場。1924 年，又在中國上海建立明華廠。1927 年，併購東洋製糖的南靖、烏樹林兩工場，同時，亦將資本額增加爲 4,800 萬圓。〔註 90〕

1932 年，爆發「明糖逃稅事件」，明糖被控涉嫌賄賂政府要員，逃漏砂糖消費稅，不僅引起大阪、東京股市炒家島德、川島等人，聯手趁機殺低明糖股價，同時，亦成爲國會政爭的工具。相馬因而被囚下獄，後雖賴鹽水港製糖董事長槇哲的營救獲釋，〔註 91〕但相馬認爲自己是明糖的董事長，理應擔負全責，乃引咎下台，暫將董事長之位讓給原邦造。〔註 92〕1935 年，在各方擁護下相馬半治回任董事長。重任董事長的相馬，又大展雄圖，在北海道增設士別工場。〔註 93〕1938 年，再合併子公司明治農產工業，並將資本額增加爲 5,800 萬。〔註 94〕

此外，明糖亦投資一些旁系事業，主要有：明治製菓，1916 年創立，資本額 1,000 萬圓；極東煉乳，1917 年創立，資本額 150 萬圓；ドマトラ興業，1918 年創立，資本額 300 萬圓；明治商店，1920 年創立，資本額 500 萬圓；河西鐵道，1924 年創立，資本額 200 萬圓；朝日牛乳，1933 年創立，資本額 25 萬圓；明治護膜（橡膠）工業，1933 年創立，資本額 50 萬圓；樺太製糖，

〔註 90〕 橋本白水，《台灣の事業界と人物》（台北：南國出版協會，1928 年），頁 163～166。
〔註 91〕 《台灣實業界》昭和 7 年 8 月、10 號。相馬之子爲隅田川稅務署長，在事件中立場極爲尷尬，亦十分痛苦，乃向鹽糖董事長槇哲求援。當時，槇哲聲望正隆，又與政友會內閣友好，加上，自己也受過疑獄事件之苦，故願意搭救相馬半治。槇哲先向時任民政黨總務的鹽糖董事原脩次郎疏通，並拜訪大藏大臣高橋是清的嫡子高橋是賢子爵，槇哲藉與高橋父子的友好，成功搭救了相馬半治。
〔註 92〕 《台灣實業界》昭和 8 年 2 月號。
〔註 93〕 太田肥州，《新台灣を支配する人物と產業史》（台北：台灣評論社，1940 年），頁 461～465。
〔註 94〕 《台灣實業界》昭和 12 年 10 月號，言：明治農產工業，資本額 2,000 萬圓，實收 500 萬圓，總股數 40 萬股，一股 50 圓，該社爲明糖的子公司，計畫與明糖合併，1937 年 9 月，召開合併總會，合併的條件爲農產工業 2 股兌換明糖 1 股，明糖資本額將增加 1,000 萬圓，應變成 5,100 萬圓，但 1938 年，明糖增資的結果卻是 5,800 萬圓。

1935 年創立，資本額 500 萬圓；昭和護膜，資本額 300 萬圓〔註95〕；南投輕鐵，資本額 12 萬圓，北陸製乳，資本額 17 萬圓等。〔註96〕

　　綜觀相馬半治的學經歷，可謂多所磨難，初任教師，後轉軍職，再變為技術家；在教導團階段，不僅利用閒暇至東京盛門學校學習商業簿記，更在廁所苦讀而考上東京高工；就讀東京高工期間，又歷經甲午戰爭被徵召入伍，完成東京高工的學業時，竟已是 28 歲之高齡，大器晚成。這些磨難養成了相馬刻苦耐勞、質樸勤勉的個性，《台灣實業界》即言：就個人氣質論，台灣製糖的董事長武智直道為貴族，鹽水港製糖的董事長槇哲為武士，明治製糖的董事長相馬半治則為野人；又說：槇哲擁有豐臣秀吉般的開朗，相馬半治則如德川家康很有耐力。〔註97〕故明糖企業文化以講究堅實著稱，這應與相馬半治波折起浮的人生經歷關係密切。

　　其次，明糖在資本關係上屬於三菱系，三菱財閥向以「安全第一主義」聞名，〔註98〕三菱系出身的首任董事長小川咿吉，曾對相馬半治示以「堅實」二字，勉勵他以此作為明糖的經營方針，〔註99〕故堅實乃成為明糖領導幹部的祖宗家法。

　　相馬半治的刻苦、質樸，表現在公司的經營上，即是：力求節儉，公司的一紙一木皆嚴盡私用，同時，董事長的宅邸亦十分狹小。相馬半治的耐力、勤勉則表現在多年堅持一人一業主義，自始至終貫注於製糖相關事業，列名其他公司董監事的情況甚少，專心致力的結果，即是：相馬終於將製造的明治製糖、加工的明治製菓、銷售的明治商店連成一契，完成縱向的連鎖經營，此為其他製糖業者所不能及。〔註100〕

　　再者，由於相馬半治為東京高工的畢業生，又曾在該校擔任教職，故他喜好任用、拔擢該校畢業生，早期甚至還刻意排斥東京帝大畢業生，優先錄

〔註95〕太田肥州，《新台灣を支配する人物と產業史》（台北：台灣評論社，1940年），頁 461～465。

〔註96〕大塚清賢，《躍進台灣大觀續編》（台北：成文出版社復刻，1939年），頁 485。

〔註97〕《台灣實業界》昭和 7 年 6 月號。

〔註98〕《台灣實業界》昭和 7 年 6 月號。

〔註99〕大園市藏，《台灣產業の批判》（福岡：台灣產業の批判社，1927年），頁 185～194。

〔註100〕《台灣實業界》昭和 7 年 6 月號。1932 年時，只有：日本原毛監事、河西鐵道董事長、南米土地董事。名譽頭銜則僅有：工政會理事、藏前工業會理事長、南洋協會理事、大日本國防協會理事、拓殖大學評議員、化學工業協會理事。

用東京高工畢業者，〔註101〕這使得東京高工出身者成為明糖領導階層的主力。根據表 3-2-9，可知：東京高工、東京帝大、北海道帝大（前身為札幌農學校）三校的畢業生，任係長以上職位者，分別為 16、17、12 人，三校共 45人，合佔總數 72 人的 62.5%，其他各校難望此三校之項背。在這三校中，東京高工畢業生，最高職位任董事長、副董事長、專董、常董者，共 4 人，任董事、監事者，共 8 人，兩者共計 12 人，在 26 名重役（任董、監事以上者，日人稱為重役）中，東京高工畢業生即佔了 46.2%，足見東京高工的畢業生掌握了明糖的決策核心，在明糖擁有莫大的優勢。

再看東京帝大畢業生，最高職位擔任董事長、副董事長、專董、常董者共計 3 人，雖不亞於東京高工畢業生，但在董事、監事這級上空白，換言之，只有 3 人躋入權力核心，在 26 名重役中，只佔總數的 11.5%。再者，東京帝大畢業生，最高職位任工場長、部長者，共 4 人，加上，任係長、課長者的10 人，兩者合計共 14 人，約佔這兩級領導幹部總數 46 人的 30.4%，即：東京帝大畢業生，在係長、工場長這兩級的領導幹部上，東京帝大壟斷了將近 1／3 的機會，堪稱明糖的中堅幹部。

至於北海道帝大（札幌農學校）畢業者，最高職位任董事、監事者，共 2人，任工場長、部長者，共 3 人，任係長、課長者，多達 7 人，三者合計共12 人，合佔明糖領導幹部總數 72 人的 16.7%，顯示北海道帝大畢業生在明糖領導幹部中，亦佔有一定的力量。

東京高工為一所高等技術學校，校風較為務實，明糖由該校畢業生主導決策，企業文化自然較易展現堅實主義之風。在講究勞績的明糖，至日治中後期，監事或許可由投資者出任，但董事絕少空降，全由社員擢升，如：1936 年時，監事森村市左衛門、辜顯榮、大橋新太郎、江口定保、宮尾舜治等 5 人，全由資本關係者擔任，但董事喜多村貫二、久保田富三、菊池桿、佐佐木定證、大日方金太郎、山田權三郎等 6 人，則由勞苦的現地工作社員晉升，而董事長相馬半治、副董事長有島健助、專務董事藤野幹、常務董事山田貞雄、中川蕃等 5 人，亦全為社員出身，並非官方空降或大資本家擔任。〔註102〕

〔註101〕大園市藏，《台灣人物志》（台北：谷澤書店，1916 年），頁 20。
〔註102〕《台灣實業界》昭和 11 年 4 月號。另外，早在《台灣實業界》昭和 5 年 2月號中，就以提到明糖這種現地社員晉升董事的突出現象，該號即言：1930年時，明糖的董事中，常務董事安田昌、董事佐佐木清吉、磯適次郎、喜多村貫二等人，都是由社員升任重役。

表 3-2-9：各校畢業生在明治製糖擔任最高職務的概況

畢　業　學　校	董事長 副　董 專　董 常　董	董　事 監　事	部　長 工場長 農事顧問	係　長 課　長 技　師	總　計
東京高工	4	8	3	1	16
東京帝大	3	0	4	10	17
札幌農學校 北海道帝大	0	2	3	7	12
京都帝大	1	1	1	0	3
九州帝大	0	0	0	1	1
慶應大學	0	2	0	0	2
東京高商	1	0	0	1	2
盛岡高農	0	1	1	0	2
私立大阪商工	0	1	0	1	2
私立岩倉鐵道	0	0	0	2	2
留學美國	1	0	0	1	2
其他私大	0	0	1	0	1
其他高等學校、高工、高商、國語學校	1	0	3	3	7
其他初工、初商、初農	0	0	0	3	3
總計	11	15	17	29	72

資料來源：根據表 3-2-10 統計整理。

表 3-2-10：明治製糖任係長以上領導階層之學歷及升遷的概況

姓　名	畢業校系	畢業時間	進入企業時間	最初職務	升遷速度	最後職務	備　註
中島仁右衛門	九州帝大應用化學科	1925	1925		17 年升係長	蒜頭工場製造係長	
川島榮	久留米商業學校	1904	1914		16 年升係長	蕭壠工場原料係長	
長崎勇	大阪高等工業學校	1904	1916		7 年升係長 10 年升工場長	工務部次長	

橋本三郎	山口高等商業學校	1914	1927	係長		烏樹林工場庶務係長	由東洋製糖烏樹林製糖所庶務係長轉入
菊池桿	札幌農學校	1893	1913		2年升部長 13年轉任工場長 3年升董事	董事兼清水工場長	
攝待初郎	札幌農學校農學科	1899				技師	
長谷部浩	札幌農學校農藝科	1904				技師	
金子昌太郎	札幌學農校農學科	1904		社員		農務部高級顧問	台灣總督府中央研究所技師轉任
田中元次郎	札幌學農校農學科	1910			18年升係長 8年升工場長 5年升部次長	農務部次長	台灣總督府技師轉任
柴田良三郎	札幌學農校農學科	1913				技手	
桐村高尚	札幌學農校農學科	1914	1914		14年升係長 3年升工場長	南靖工場長	
森庫太郎	札幌學農校農學科	1914	1914		23年升係長	南靖工場農務係長	
伊集院五郎	札幌學農校農學科		1914			鐵道係長	
小山直三	北海道帝大				8年由係長升任工場長	烏樹林工場長	
原忠一	北海道帝大化學科	1921	1921		19年升係長	工務部工務係長	
伊藤寬作	北海道帝大農學科	1924	1924		13年升係長	南靖工場原料係長	
飯島政義	台灣總督府國語學校	1902	1909		17年升係長	蕭壠工場庶務係長	由台糖社員轉入
瀨澤壽一	私立大阪商工學校	1892	1927	工場長	13年升董事	董事兼清水工場長	以東洋製糖烏樹林製糖所長
佐藤利夫	私立大阪商工學校	1907	1910		13年升係長	蒜頭工場原料係長	
金澤留藏	私立岩倉鐵道學校	1904	1907		16年升係長	溪湖工場鐵道係長	

外山義雄	私立岩倉鐵道學校建設科	1906	1932	係長		蒜頭工場鐵道係長	以總督府鐵道部技師
原邦造	京都帝大			監事	6年升董事長	監事	
中岡勇衛	京都帝大英法科	1921	1921		9年升係長 13年升部長	東京事務所營業部長	
佐佐木定證	京都帝大機械科	1908	1909		6年升係長 8年升工場長 8年升董事	董事兼川崎工場長	
歲原數太郎	東亞同文書院	1910	1910		13年升係長 10年升部長	營業部長	
水間美不佞	東京工手學校	1902	1908		15年升係長	南投工場製造係長	
伊藤信太郎	東京帝大				11年由係長升任部長	東京事務所技術部長	
谷井亮之	東京帝大	1899				董事兼南投工場長	
高木鐵男	東京帝大法科		1906	主事		專務董事	臨時糖務局囑託轉入
吉田俊郎	東京帝大法科	1917	1917		6年升係長 12年升工場長	戶畑工場長	
藤野幹	東京帝大政治科	1908	1919	常務董事	22年升專董 6年升副董事長	副董事長	以督府殖產局糖務課長轉入
小塚泰一	東京帝大英法科	1920	1920		8年升係長 8年升部長 5年升董事 1年升常董	常務董事	
攝待博	東京帝大英法科	1929	1929		14年升係長	東京事務所秘書課長	
高林利市	東京帝大英法科	1930	1930		12年升係長	川崎工場事務係長	
今岡雄	東京帝大經濟科	1930	1930		10年升係長	本社營業部庶務課長	
小出義男	東京帝大農科	1910	1918	係長		蒜頭工場農場係長	福岡縣農事試驗場長轉入
荒木貞三	東京帝大農科	1911	1917		6年升係長	清水工場事務係長	

守屋忠光	東京帝大農藝化學科	1918	1918		12 年升係長 12 年升工場長	總爺工場長	
岩佐愛重	東京帝大農藝化學科	1923	1923		17 年升係長	本社農務部原料係長	
藍青也	東京帝大農藝化學科	1925	1925		13 年升係長	本社農務部研究係長	
小島元	東京帝大德法科	1922	1922		10 年升任係長	營業部庶務係長	
磯適次郎	東京帝大機械科	1905	1913	技師	2 年升工場長 8 年升工務部長 3 年升董事	董事兼戶畑工場長	以中央製糖技師轉入
三町誠	東京帝大機械科	1919	1919		14 年升係長	調查部企畫課長	
篠山強哉	東京帝大應用化學科	1922	1922		16 年升係長	南靖工場製造係長	
西垣佐太郎	東京炮兵工科學校		1909		6 年升係長	南投工場庶務係長	
千葉平次郎	東京高等工業學校		1907		6 年升專董	專務董事	
佐佐木清吉	東京高等工業學校		1910		1 年升工場長 14 年升董事	董事	
秋田恒太郎	東京高等工業學校		1910		5 年升係長	蒜頭工場鐵道係長	
山田貞雄	東京高等工業學校			董事	5 年董事升常董 6 年常董升專董	專務董事	
稻見忠	東京高等工業學校				9 年由工場長升董事	董事兼明治技術養成所長	
鎌田正文	東京高等工業學校				5 年由係長升任工場長 10 年升董事	董事兼蒜頭工場長	
山田權三郎	東京高等工業學校	1903	1918		5 年升工場長 12 年升董事	董事兼戶畑工場長	沖台製糖轉入
久保田富三	東京高等工業學校	1905	1907		8 年升工場長 11 年升工務部長 2 年升董事	董事	
大日方金太郎	東京高等工業學校	1905	1912		11 年升工場長 8 年升董事	研究部長	

多賀敏男	東京高等工業學校	1910	1910		16 年升工場長 11 年升董事	董事兼工務部長	
布施龍太郎	東京高等工業學校	1910	1915		7 年升係長 6 年升工場長 13 年升董事	董事兼南靖工場長	
福島四一郎	東京高等工業學校	1911	1919		4 年升係長 3 年升工場長	溪湖工場長	
羽賀貫平	東京高等工業學校	1912	1912		11 年升係長 14 年升工場長	土別工場長	
相馬半治	東京高等工業學校應用化學科、留學德、美國	1896	1906	專務董事	9 年升董事長	董事長	以臨時糖務局技師應聘擔任專董
安田昌	東京高等工業學校機械科	1900	1907		4 年升工場長 8 年升董事 4 年升常董	常務董事	由日本鐵道轉入
大和芳次	東京高等工業學校機械科	1905	1908			社員	轉任斗六製糖機械係長
國松安治良	東京高等工業學校機械科	1916	1916		12 年升係長 12 年升工場長	南投工場長	
上野雄次郎	東京高等商業學校				15 年由係長升任部長	東京事務所調查部長	
中川蕃	東京高等商業學校	1910	1914	係長	7 年升部長 9 年升董事 6 年升常董	董事	由斗六製糖轉入；後轉明治製菓、明治商店、明治製乳董事,後再返明糖任職
近藤治平	東京商工養成所	1913	1917		6 年升係長 16 年升工場長	蕭壠工場長	
山本叡	長崎高等商業學校				9 年由係長升任部長	川崎工場長	
小川研吉	留學美國		1906	董事長		董事長	
宇津木竹九郎	紐約大學商科		1914	係長		本社庶務係長	
鈴木進一	盛岡高等農林學校	1907	1914		6 年升係長 3 年升部長 15 年升董事	董事兼農務部長	
雨谷安之丞	盛岡高等農林學校農藝化學科	1912	1917		6 年升係長 13 年升工場長	溪湖工場長	

有島健助	造士館			主事	13 年升專董 15 年副董事長 6 年升董事長	董事長	
小野田成文	鳥取農業學校		1918		5 年升係長	蒜頭工場農務係長	以總督府技手轉入
森村市左衛門	慶應大學			監事		監事	男爵
今村藤市	慶應大學理財科				11 年由營業部長升董事 2 年轉任監事	監事	

資料來源：散見各商工人名錄、會社年鑑。

四、鹽水港製糖

　　鹽水港製糖（以下簡稱「鹽糖」）首先模仿爪哇製糖業，生產耕地白糖，曾興盛一時，[註103]但 1927 年受「神戶鈴木商店破產事件」的牽累，加上，政友會、民政黨兩大政黨勢力介入，使得鹽糖亦瀕臨瓦解。所幸社員在董事長槇哲的德望感召下，經歷一番波折，終能復興。然鹽糖完全仰賴槇哲個人的領導，領導階層的學閥不如台糖、日糖、明糖堅強，故在 1939 年槇哲過世後，鹽糖即面臨群龍無首的危機，繼任者岡田幸三郎雖勉強接班，但終在 1943 年將鹽糖的領導權拱手讓給外人。在此將以鹽糖為例，對照台糖、日糖、明糖，說明學閥對日資企業鞏固領導中心的重要性。

　　鹽糖，創立於 1903 年 12 月，原係台南豪商王雪農等人，以組合的形式所創，最初資本額僅有 30 萬圓。當時，董事長為王雪農，常務董事為郭升如，並聘台南糖務支局長堀宗一擔任技師長。公司初建，頗為艱辛，機械故障、資金缺乏、洪水泛濫，經理謙原幸治無力解決，王雪農乃改聘槇哲繼任經理。槇氏廢寢忘食，籌集資金、改良品種、修製機械，加上，幹部橋本貞夫、數田輝太郎等人的奮鬥，終於打破困境，在 1906 年 6 月轉虧為盈。

　　日俄戰後，企業勃興，資本家紛紛投入製糖業，爭奪原料區域，鹽糖若還只是台灣人的一個組合，將慘遭淘汰，故非增資不可，於是鹽糖爭取荒井泰治、安部幸兵衛等內地資本家的投資。1907 年 3 月，在東京舉行創立總會，設立資本額 500 萬圓的同名株式會社，選荒井泰治、堀宗一、槇哲、

〔註103〕上村健堂，《台灣事業界と中心人物》（台北：台灣案內社，1919 年），頁 73
　　～74。

賀田金三郎、酒井靜雄、王雪農等 6 人爲董事，安部幸兵衛、村井彌一郎、
藤崎三郎助、劉神嶽等 4 人爲監事，並互推荒井爲董事長，堀、槇爲常務
董事。

　　荒井泰治雖爲鹽糖的董事長，〔註 104〕但鹽糖的實際領導人卻爲槇哲。槇
哲（1866～1939），宮城縣人，出身於越後長岡藩士家庭，他不僅能與部屬共
甘苦，人品亦高尚溫厚，故《台灣實業界》言：台糖董事長武智直道，不曾
在台灣流血流汗，爲　高高在上的貴族，明糖董事長相馬半治，在挫折中成
長，堪稱能耐勞苦的野人，鹽糖的槇哲，則爲兼有兩者的武士，既有高貴氣
質，又能刻苦耐勞，〔註 105〕故槇哲實爲深具魅力的領袖。

　　槇哲反對保守停滯，主張積極銳進，鹽糖在其帶領下，版圖擴張迅速。
1910 年，合併高砂製糖，資本額增爲 750 萬圓，並新設旗尾工場。〔註 106〕
1912 年，槇哲在後藤新平伯爵的推舉下，升任董事長。〔註 107〕其上台後的第
一件大事，即是仿爪哇製糖業，開始生產耕地白糖，成功提高鹽糖的聲譽，
社運逐步向昌隆。1913 年，在花蓮港增設壽工場。1914 年，合併台東拓殖製
糖〔註 108〕，增資爲 1,125 萬圓，並將公司名稱改爲鹽水港製糖拓殖。1919 年，
在大阪建立精製糖工場。1920 年，增資爲 2,500 萬圓，5 月，結束東台灣的拓
殖事業，並恢復舊公司舊名。1927 年初，又先後購併林本源製糖、恒春製糖、
東京精糖，將資本額大幅增爲 5,850 萬圓，並新設溪州工場、恒春工場。

　　然 4 月起，受鈴木商店破產事件的牽連，鹽糖遭遇重挫。首先，專務董
事數田輝太郎引咎辭職，改由橋本貞夫繼任。〔註 109〕12 月，爲整頓財務，又
將獲利豐厚的恒春工場、旗尾工場，賣給台灣製糖，但仍積欠三井、台灣、

〔註 104〕荒井泰治因繳稅多，其後成爲貴族院的議員。

〔註 105〕《台灣實業界》昭和 7 年 6 月號。

〔註 106〕上村健堂，《台灣事業界と中心人物》（台北：台灣案内社，1919 年），頁 73
　　　　～74。

〔註 107〕橋本白水，《台灣統治と其功勞者》（台北：南國出版協會，1930 年），頁 91
　　　　～93。

〔註 108〕台東拓殖爲 1910 年荒井泰治、槇哲、原脩次郎等人，以開拓花蓮港附近爲目
　　　　的所組成的合資組織。1912 年，變更爲資本額 750 萬圓的台東拓殖製糖，以
　　　　荒井泰治爲董事長、橋本貞夫爲常務董事。

〔註 109〕橋本白水，《台灣の事業界と人物》（台北：南國出版協會，1928 年），頁 170
　　　　～173。數田輝太郎，曾與東洋製糖的田村藤四郎、帝國製糖的牧山清砂、台
　　　　灣製糖的平山寅次郎並稱台灣製糖界的四大天王。但此時命運悲慘，辭職後
　　　　中風成爲廢人，並且很快含恨以終。

正金等債權銀行 1,000 萬圓以上的債務。〔註110〕槇哲遭背信罪起訴，而此時常務董事皿谷廣次，支持藏相高橋是清之子高橋是賢，〔註111〕奪取鹽糖董事長之位，加上，警視廳粗暴干涉，槇哲只好被迫託病請辭，並向台灣總督川村竹治請求推薦適當人選入社整頓。〔註112〕

川村總督爲政友會的要角，1928 年 6 月，入主台灣總督府後，即積極引進政友會勢力，排擠民政黨成員。〔註113〕在總督府內，川村總督派遣其嫡系丸茂藤平、常吉德壽、大久保留次郎等人，接任交通局總長、專賣局長、警務局長；另外，也以接近政友會的內田隆、豐田勝藏等人，繼掌殖產、內務兩局。在官控會社方面，川村總督安排嫡系遠藤達、日比重雄、村田俊彥，分別入主台灣電力、台灣製腦、台灣青果，〔註114〕驅逐原來的董事長：高木友枝、妻木栗造、高田元治郎等人；在鹽糖則應槇哲要求，推薦前滿鐵理事入江海平繼任董事長，〔註115〕然川村總督此舉，亦將鹽糖推入政黨鬥爭的犧牲品。

10 月，鹽糖召開總會，會場氣氛險惡，在便衣刑警的鎮壓下，雖通過入江海平接任鹽糖董事長的議案，但大股東中，民政黨眾議員長澤倉吉爲槇哲的支持者，卻對此深表不滿，〔註116〕質疑入江欠缺擔任董事長的資格，在閉會時，長澤一派的成員高呼槇哲三聲萬歲，反對入江董事長的運動亦開始萌芽。〔註117〕

入江海平接任董事長後，鹽糖分裂爲三大勢力，即：三井銀行、台灣銀行兩家債權銀行所派駐的常務董事羽鳥精一〔註118〕、大西一三〔註119〕；另

〔註110〕《台灣實業界》昭和 7 年 11 月號。
〔註111〕高橋是清後來擔任政友會總裁及首相。
〔註112〕《台灣實業界》昭和 4 年 8 月號。
〔註113〕據《台灣實業界》昭和 4 年 12 月號言：台灣自伊澤多喜男總督以後，日本中央政界政黨輪替，對御用會社人事的影響就越來越濃，例如：在台灣製腦，憲政會的伊澤多喜男總督，即以妻木栗造，取代傾向政友會的專務董事三村三平、常務董事河村徹。在台灣製鹽；憲政會的上山滿之進總督，亦以荒卷鐵之助，取代傾向政友會的津田毅一。
〔註114〕《台灣實業界》昭和 4 年 8 月號。
〔註115〕《台灣實業界》昭和 4 年 10 月號。
〔註116〕另外，鹽糖監事原脩次郎，亦爲民政黨的要員，對政友會勢力伸入鹽糖亦頗爲憤慨。
〔註117〕《台灣實業界》昭和 4 年 10 月號。
〔註118〕羽鳥精一原爲三井物產台北支店長。

外，舊鹽糖社員則團結在常務董事橋本貞夫之下，奉槇哲為精神領袖。入江海平雖名為董事長，亦勇於任事，但德望、實力皆不足，無力節制三方勢力，領導地位極不穩固。

1929 年 7 月，川村竹治辭卸台灣總督之位，入江所倚賴的靠山垮台，董事長之位岌岌可危。〔註 120〕10 月，鹽糖召開第 35 次總會，會前情勢即詭譎多變，三井銀行為了讓三井物產取得鹽糖砂糖的販賣權，曾放出欲奪取鹽糖的經營權的訊息。會中，雖順利通過決算、減資一半、董監事改選等議案，但當入江想再任董事長時，即掀起激烈的反對運動，入江在常務董事羽鳥精一、大西一三、大股東長澤倉吉等人的壓力下，宣布退出鹽糖。鹽糖改為羽鳥精一、大西一三、橋本貞夫「三常務合議制」，並聘槇哲為顧問，〔註 121〕槇哲勢力初步重返鹽糖。

鹽糖自改為三常務合議制後，雖承受千萬圓債務的重擔，〔註 122〕但大致風平浪靜。在人事上，雖曾傳言大藏省次官小野義一、前拓務大臣原脩次郎（其亦長期擔任鹽糖監事）、台地崛興之財閥後宮信太郎等人，〔註 123〕有意爭取鹽糖董事長之位，但最後皆無人可以取代鹽糖精神領袖槇哲，成為鹽糖董事長。〔註 124〕

1932 年 5 月，橋本貞夫以開後輩晉升之路，堅辭常務董事之位，鹽糖遂由羽鳥、大西二人掌握。兩人依橋本之願，拔擢東京營業部長岡田幸三郎、台灣經理部長內ケ崎良平、農務部長黑田秀博等 3 人為新任董事。但新陣容沒有領導中心，缺乏統制力，羽鳥、大西既無法打入鹽糖社員，勝又獎、岡田幸三郎、內ケ崎良平、黑田秀博等董事，亦無一人有足夠的威望，可脫穎而出成為鹽糖的新領袖。此時，鹽糖之所以未分崩離析，實賴社員對槇哲的信仰，眾人皆願為槇哲效死，而此時任顧問的槇哲，他出於照顧社員、股東利益的責任感，積極奔走、協調，在幕後化解多次危機。〔註 125〕

〔註 119〕大西一三，外語能力甚佳，曾任台銀倫敦支店副店長、大連支店長，後入鈴木商店整頓，再轉入鹽糖任常務董事。其後以胃病嚴重，退出鹽糖，然後來又應老同事、台拓副董事長久宗董之邀，入台拓擔任理事。

〔註 120〕《台灣實業界》昭和 4 年 10 月號。

〔註 121〕《台灣實業界》昭和 4 年 12 月號。

〔註 122〕《台灣實業界》昭和 5 年 6 月號。

〔註 123〕傳言後宮信太郎在 1932 年末至 1933 年初收購了鹽糖 10 萬股股票。

〔註 124〕《台灣實業界》昭和 9 年 2 月號。

〔註 125〕《台灣實業界》昭和 9 年 2 月號；大園市藏，《台灣產業の批判》第壹卷（福

　　1932 年下半年，糖價飆漲，利率下降，〔註 126〕1933 年下半期鹽糖終於擺脫多年的赤字轉為黑字，此時，社員、股東亦掀起擁護槙哲回任董事長的運動。受槙哲多年薰陶的勝又獎、岡田幸三郎、內ケ崎良平、黑田秀博等 4 名董事，宣稱槙哲若不能回任，他們將辭去現職。股東亦責問羽鳥精一、大西一三兩位常務董事，若讓董事集體辭職，將嚴重衝擊鹽糖。在此情勢下，債權者亦不得不認真考慮槙哲回任董事長問題。三井銀行池田成彬首先勸說槙哲，接著，正金銀行總裁、台灣銀行董事長亦出面鼓勵，在眾人的殷殷期盼下，槙哲雖未同意回任董事長，但願先擔任董事，其後，常務董事羽鳥精一又多方折衝，槙哲終在盛情難卻下，於 1933 年 11 月，回任鹽糖董事長。〔註 127〕

　　槙哲回任董事長後，即開始培養岡田幸三郎（1888～？）為接班人。此時，資歷與岡田約略相近者，有早稻田大學出身的內ケ崎良平（1912 年進入鹽糖），札幌農學校畢業的黑田秀博（1915 年進入鹽糖）、東京帝大出身的勝又獎（1883～？，1916 年進入鹽糖），他們分別為商事、農務、機械三個部門的領袖，為岡田繼承槙哲之位的競爭者。

　　1934 年，槙哲將內ケ崎良平、勝又獎、黑田秀博置於台灣，而獨將岡田調回東京，此舉即是為了親自調教岡田，培養其統御能力，並樹立威望。同時，槙哲為增強岡田的實力，亦特別挑選岡田長崎高商的學弟——沖光次郎，作為其弼輔者，〔註 128〕1935 年，槙哲將沖光次郎晉升為董事。

　　槙哲決定栽培岡田為接班人，〔註 129〕實為十分艱難之舉，槙哲個人固然較無鄉土閥、學閥的觀念，〔註 130〕但一般日人則十分看重此二者。就鄉土閥言，鹽糖在草創時，由於董事長荒井泰治、大股東兼監事藤崎三郎助皆為宮城縣人，而兩人又特別愛好任用鄉人，導致鹽糖內宮城縣人的實力異常雄厚，〔註 131〕槙哲能受荒井倚重，亦係因其為宮城縣人。

　　　岡：台灣產業の批判社，1927 年），頁 160～168 等資料。
〔註 126〕《台灣實業界》昭和 7 年 6 月號。
〔註 127〕《台灣實業界》昭和 9 年 2 月號。
〔註 128〕《台灣實業界》昭和 9 年 4 月號。
〔註 129〕《台灣實業界》昭和 14 年 8 月號。
〔註 130〕橋本白水，《評論台灣之官民》（1924 年），頁 141。
〔註 131〕泉風浪，《人と閥》（台南：南瀛新報社，1932 年），頁 56～59，言：宮城縣人主要係隨佐久間總督入台，佐久間任台督期間，宮城縣人勢力頗盛。鹽糖好用宮城縣人，台糖則喜用新潟縣人。

　　在鹽糖內，宮城縣出身者，較重要者至少有：高橋是賢（政友會總裁高橋是清之子、最高職位爲監事）、藤崎三郎助（藤崎三郎助之子，襲父名繼承家業，最高職位爲監事）、勝又獎（最高職位爲常務董事）、內ケ崎良平（最高職位爲常務董事）、槇武（槇哲之兄，最高職位爲監事）、槇有恒（槇哲之姪，最高職位爲董事）、淺野武雄（最高職位爲董事）、三之沼竹之助（最高職位爲營業部次長）、菅原寬二（最高職位爲爪哇事務部總務部長）、野平總七（最高職位爲東京出張所庶務課長）、古川喜六郎（最高職位爲秘書係長）、橫山茂（最高職位爲土地係長）、永野幸之亟（最高職位爲水利係長）、我妻誠（最高職位爲工場原料係長）、赤尾清熙（最高職位爲工場原料係長）等人。而岡田幸三郎爲千葉縣人，故宮城縣人毋寧更爲支持老鄉勝又獎、內ケ崎良平兩人。

　　就學閥言，在鹽糖內，最有勢力的是東京帝大、札幌農學校、兩校的畢業生，其次，則爲慶應大學、東京高商兩校的出身者（參見表 3-2-11）。東京帝大畢業較重要者有：羽鳥精一、勝又獎、阿部耕治郎、松原徹等人；札幌農學校出身較重要者有：黑田秀博、淺野武雄、楠田正雄等人；慶應大學畢業較重要者則有：槇有恒、菅原寬二、岩崎犬雄等人；東京高商出身者早期頗受重用，此時較有影響力者只剩早川重雄一人（參見表 3-2-12）。

　　但岡田幸三郎卻非出身於此四校，而是畢業於長崎高商，在鹽糖中，此校畢業生除了岡田外，只有沖光次郎較重要，故缺乏學閥奧援的岡田幸三郎，實難敵東京帝大、札幌農學校出身者支持的勝又獎、黑田秀博。

　　再者，必須說明的是，在鹽糖內，並無任何學閥掌握絕對優勢，任係長以上職位者，東京帝大畢業者雖然最多，但也只有 13 人，僅佔總數 84 人的 15.5%，對照台灣製糖，在台糖的領導階層，僅東京帝大一校畢業生即佔總數的 38.8%。若將較領先的學校加總，在鹽糖內，東京帝大加上札幌農學校、慶應大學、東京高商三校畢業生，計算任係長以上職位者，亦共僅 35 人，只佔總數的 41.6%。對照明糖言，在明糖中，僅東京高工、東京帝大、札幌農學校三校畢業生，任係長以上職位者，即佔總數的 62.5%。再看日糖，在日糖中，慶應大學、東京帝大、札幌農學校、東京高工四校的畢業生任係長以上職位，更高佔總數的 61.1%。顯見在鹽糖內缺乏有力的學閥，可以建構出領導的階層序列，此種情形實不利於鹽糖領導中心的自然形成。

表 3-2-11：各校畢業生在鹽水港製糖擔任最高職務的概況

畢 業 學 校	董事長 專　董 常　董	董　事 監　事	部　長 工場長	係　長 課　長	總　計
東京帝國大學	4	2		7	13
札幌農學校（北海道帝大）		4	2	3	9
慶應大學	1	1	4	1	7
東京高等商業學校	1	1	2	2	6
東京高等工業學校			4		4
長崎高等商業學校	1	1		1	3
鹿兒島農業學校			2	1	3
京都帝國大學				2	2
明治大學		1		1	2
大阪高等工業學校		1		1	2
盛岡高等農林學校				2	2
佐賀高等商業學校				2	2
築地工手學校				2	2
其他私大	2			2	4
中學、高等學校	1	2	2	3	8
其他高工、高商			2	4	6
其他初工、初商、講習所			1	8	9
總計	10	12	19	43	84

資料來源：根據表 3-2-12 整理統計。

　　綜上所述，勝又獎、內ケ崎良平、黑田秀博三人為岡田接班的競爭者。其中，勝又獎既是宮城縣人，又為東京帝大學閥之首，最具實力；而內ケ崎良平雖亦宮城縣人，但為早稻田大學出身，在鹽糖內欠缺學閥支持；至於黑田秀博，恰好相反，其雖為札幌農學校的學閥之首，但並非宮城縣出身，故在鹽糖內欠缺鄉土閥的支持。

　　勝又、黑田、內ケ崎三人中，內ケ崎為國會議員內ケ崎作三郎之弟，淡泊名利，較無野心，對岡田威脅較輕。1936 年，槙哲將岡田的副手、董事沖

光次郎派往台灣，取代內ケ崎良平之地位，內ケ崎乃打算逐漸淡出鹽糖。但本年勝又獎卻高升常務董事，並兼任糖業聯合會理事，使他聲勢達到顛峰，對岡田的威脅劇增。

1937 年中，槙哲爲了配合國策，計畫創設新日本砂糖工業（1939 年更名爲鹽水港紙漿工業，資本額 2,500 萬圓）〔註132〕，爲培養岡田幸三郎的聲望，槙哲乃命他籌備。1938 年 4 月，新日本砂糖工業創立，槙哲派岡田兼任董事長，岡田的支持者：長崎高商的學弟沖光次郎，及千葉縣的同鄉山形普、早川重雄，皆被槙哲任命爲董事，〔註133〕此公司成爲岡田派的大本營。

1938 年 5 月，鹽糖召開總會，常務董事羽鳥精一、監事槙武、工藤金三郎退休，在槙哲主導下，將岡田的最大競爭者勝又獎，改任監事，等於宣告勝又獎的退休。再者，槙哲亦將東京帝大出身的花蓮港製糖所長松原徹，升任監事，雖名爲升任實爲冷凍，可見槙哲有意壓抑東京帝大，鞏固岡田的領導權。

至於董事的缺額，槙哲則不次拔擢山形普、早川重雄兩人，此兩人分別畢業於大多中學、東京高商，並非鹽糖內的學閥領袖，但山形普、早川重雄都是千葉縣人，與岡田爲同鄉，顯見槙哲欲藉鄉土閥增強岡田實力的企圖。但勝又獎留下的常務董事空缺，則由黑田秀博升任，〔註134〕同時，亦將札幌農學校出身的楠田正雄、淺野武雄兩人，拔擢爲董事，並兼任花蓮港製糖所長、農務部長。故在此次總會中，槙哲雖壓抑了東京帝大的力量，但卻讓札幌農學校的勢力坐大。換言之，黑田秀博已取代勝又獎，成爲岡田的最大競爭者。〔註135〕

1939 年 5 月，鹽糖又召開總會，此時，槙哲已病入膏肓，再也無力插手人事問題。此時，岡田權力尚未鞏固，故無法阻止東京帝大幫勢力的復興，在總會上，東京帝大出身的阿部耕治郎獲升董事。〔註136〕但更值得注意的

〔註132〕《台灣實業界》昭和 12 年 10 月號。
〔註133〕《台灣實業界》昭和 14 年 4 月號。
〔註134〕《台灣實業界》昭和 13 年 1 月號。
〔註135〕《台灣實業界》昭和 13 年 8 月號。
〔註136〕槙有恒，其父爲槙哲之兄槙武，慶應大學理財科畢業，爲著名的登山家，1928年，進入鹽糖，槙有恒父在鹽糖內亦任監事，故槙有恒因爲其父、叔父的關係，不斷破格晉升。

是，岡田的同鄉山形普、早川重雄兩人辭卸董事，專任旁系鹽水港紙漿的董事，可見此次總會中東京帝大幫勢力已有恢復，反之，岡田的支持者則稍有失勢。〔註137〕本次總會次日，槙哲過世，享年73歲，常務董事岡田幸三郎雖被內定為董事長，〔註138〕但札幌農學校幫所支持的常務董事黑田秀博，則被外界視為虎視眈眈者。

槙哲好用年輕人、社員，〔註139〕排斥老人、空降者，〔註140〕鹽糖重要的幹部可以說都經歷過槙哲的拔擢與調教，故人人皆願為槙哲效死，1927年鹽糖瀕臨破產，能團結一致、安渡危機的奧秘即在此。但鹽糖的領導，過份倚賴槙哲一人，亦為鹽糖的嚴重弱點，故在槙哲過世後，就發生黑田秀博與岡田幸三郎兩人勢力相爭的情況。所幸黑田念在槙哲的舊情，在糖業聯合會上，面對南洋興發董事長松江春次的質疑時，即斷然回答：願支持岡田為領導中心。在黑田的表態下，加上，三井銀行亦支持岡田，故岡田能順利在11月即繼任董事長。

此時，岡田為表示同舟一命，並籠絡東京帝大學閥的勢力，故請託已轉任監事、東京帝大學閥之首的勝又獎，回任董事，而將甫升任董事不久、溫厚的阿部耕治郎，轉任監事。再者，為了削弱札幌農學校的實力，乃將黑田秀博、淺野武雄、楠田正雄等人置於台灣，並派沖光次郎加以監視。至於較支持自己或傾向中立的內ケ崎良平、槙有恒、勝又獎等董事，則置於東京。

岡田初渡接班危機後，即積極培植自身的勢力，在1941年，力拔親信沖光次郎為常務董事，但岡田畢竟缺乏學閥、鄉土閥的後援，故始終無法壓服黑田秀博、勝又獎、內ケ崎良平等人的力量，再者，鹽糖旗下的子公司眾多，計有：鹽水港紙漿工業、新京產業、花蓮港木材、台灣生藥、新興產業、台灣農產、關洋興業等公司，總計這些公司的資本額超過一億圓，〔註141〕最後終於引來外力的覬覦，在1943年7月的總會上，岡田幸三郎終於將鹽糖的董事長之位，拱手讓給與鹽糖素無淵源的田口弼一。〔註142〕

〔註137〕《台灣實業界》昭和14年7月號。
〔註138〕《台灣實業界》昭和14年7月號。
〔註139〕《台灣實業界》昭和12年1月號。
〔註140〕《台灣實業界》昭和14年7月號。
〔註141〕《台灣實業界》昭和14年2月號。
〔註142〕千草默仙，《會社銀行商工業者名鑑》（台北：圖南協會，1943年），頁39。

表 3-2-12：鹽水港製糖領導階層之學歷及升遷的概況

姓　名	畢業校系	畢業時間	進入企業時間	最初職務	升遷速度	最後職務	備　註
西川健治	下關商業學校					總務部庶務係長	
岡田政輔	下關實業學校					本社會計係長	
古川喜六郎	上海東亞同文書院商務科	1909			14 年升係長	秘書係長	宮城縣人
山形普	大多喜中學	1916	1916		14 年升係長 5 年升部長 3 年升董事	董事	後轉任鹽水港紙漿董事，千葉縣人
三浦育三	大阪高等工業學校		1909		3 年升工場長 8 年升董事	董事兼工務部長	
河野得一	大阪高等工業學校					本社釀造係長	
天野敏男	大阪高等商業學校				3 年由係長升任工場長 1 年轉任工務部長	本社工務部長	轉任鹽水港紙漿監事
岡泰良	大島農業學校		1910		13 年升係長 15 年升工場長	花蓮港製糖所長兼大和工場長	
橫山茂	小牛田農林學校				3 年由係次長升任係長	本社土地係長	宮城縣人
鹿野平治郎	小樽高等商業學校					本社總務部用度係長	
永野幸之亟	仙台高等工業學校					本社水利係長	宮城縣人
堀宗一	札幌農學校農學科	1882				董事兼技師長	糖務局技師兼台南支局長
石澤正夫	札幌農學校預科		1914		9 年升係長	土地係長	
黑田秀博	札幌農學校農學科	1914	1915		2 年升係長 11 年升製糖所長 4 年升董事 6 年升常董 2 年升專董	董事兼調查課長	

淺野武雄	札幌農學校農業實科	1917	1917		7年升係長 10年升製糖所長 4年升部長 1年升董事	董事	
龜井惟信	北海道帝大農科					溪州製糖所原料係長	
楠田正雄	北海道帝大農業實科		1917		11年升係長 10年升部長 4年升董事	董事	
佐佐木元夫	北海道帝大農藝化學科	1920	1920		9年升係長 1年升糖所次長 10年升部次長 1年升工場長	新營酒精工場長	
川原利作	北海道帝大農藝化學科	1925	1925		12年升係長	大和工場原料係長	
內田九州男	北海道帝大農學科				12年由係長升製糖所長	新營製糖所長兼岸內製糖所長	
大西一三	北野中學肄		1929	常務董事		常務董事	由台灣銀行轉入；退社後轉任台灣拓殖理事
竹下彪	台北中學校					溪州製糖所事務係長	
橋本晉	台北高等商業學校					本社經理部次長	
森榮次	名古屋高等工業學校				8年由係次長升係長	本社機械係長	
內ケ崎良平	早稻田大學商科		1911		12年升係長 5年升部長 4年董事 7年升常董	常務董事	宮城縣人
天野正登	西條育英				11年由係長升任部長	本社經理部長	
田島榮次	佐賀中學校					本社調查係長	
澀谷八介	佐賀商業學校					新營製糖所事務係長	
鐘ケ江忠雄	佐賀商業學校				4年由係次長升係長	新營修理工場事務係長	

玉井龜次郎	沖繩農學校	1913	1913			壽工場農場主任	轉任台灣農產工業常董
實川萬治郎	京都帝大政治科		1915		8年升係長	係長	
富永健一	京都帝大農業經濟科	1930	1930		13年升係長	海南島事務部農務係長	
鴻巢理喜雄	明治大學法科					本社庶務係長	
長谷川貞成	明治大學商科					監事	
山根武雄	東京帝大化學科	1927	1927		6年升係長	本社工務研究室係長	
岩田幸美	東京帝大法科					監事	
羽鳥精一	東京帝大法科	1901	1929	常務董事		董事	以三井物產支店長轉入
眞木一郎	東京帝大農學科				4年由係次長升係長 6年升部次長	本社工務部次長	
赤尾清熙	東京帝大農學科	1892	1917		6年升係長	大和工場原料係長	宮城縣人
增田茂夫	東京帝大農學科	1920	1920		11年升係長 10年升所次長	花蓮港製糖所次長	
岡本勇	東京帝大農藝化學科	1926	1926		7年升任係長 10年升任爪哇事業部農務部長	爪哇事業部農務課長	
阿部耕治郎	東京帝大農藝化學科	1916	1916		7年升係長 8年升製糖所長 8年升董事 1年轉任監事	董事兼農務部長	
小谷敏雄	東京帝大機械科	1930	1930		3年升係次長	本社土地係水利主任	
勝又獎	東京帝大應用化學科	1910	1916		4年升工場長 8年升董事 8年升常務董事 1年轉常任監事	董事	以台北製糖工場長轉入
松原徹	東京帝大應用化學科	1915	1915		4年升工務係長 9年升參事 2年升製糖所長 8年升監事 4年升任常務董事	常務董事兼工務部長	

數田輝太郎	東京帝大					常務董事	由斗六廳官員轉入
橋本貞夫	東京英語學校、遊學美國		1904		8年升董事 9年升常務董事	常務董事	
一之瀨金四郎	東京高等工業學校		1911		4年升工場長	新營工場長	
兼子善一	東京高等工業學校				8年由係次長升係長 3年升緬甸事業部長	緬甸事業部長	
原不二男	東京高等工業學校				10年由係長升工場長	新營修理工場長	
山田權三郎	東京高等工業學校	1903	1907		5年升工場長	工場長	轉入明治製糖任工場長
皿谷廣次	東京高等商業學校		1908		7年升係長 5年升董事 3年升常董	董事兼營業部長、農務部長	
楊妻安太郎	東京高等商業學校		1908		7年升係主任 8年升製糖所長	花蓮港製糖所長	
志倉半次	東京高等商業學校		1910		6年升係長 12年升出張所長	大阪出張所長	
早川重雄	東京高等商業學校		1921		7年升係長 7年升部長 3年升董事	董事	轉任鹽水港紙漿工業常董；千葉縣人
窪田廣二	東京高等商業學校	1910	1911	岸內工場事務係長		事務係長	
三沼竹之助	東京高等商業學校專攻部		1911			營業部次長	宮城縣人
高橋三枝	東京農業大學					新營酒精工場釀造係長	
丸山勉	松本商業學校					岸內製糖所事務係長	
福岡久雄	金澤高等工業學校				7年由係次長升任係長	花蓮港壽工場工務係長	
岡田幸三郎	長崎高等商業學校				5年由董事升常務董事 2年升董事長	董事長	千葉縣人
久枝信二郎	長崎高等商業學校		1915		8年升係長	新營製糖所事務係長	

沖光次郎	長崎高等商業學校	1917	1917		16 年升部長；2 年升董事 6 年升常務董事	董事兼爪哇事業部部工務部長	
中本義雄	相生高等工業學校				4 年由係次長升任係長	溪州製糖所工務係長	
永野益美	高知商業學校					新營酒精工場事務係長	
佐藤敬治郎	盛岡高等農林學校					岸內製糖所原料係長	
我妻誠	盛岡高等農林學校					花蓮港壽工場原料係長	
益田義雄	第五高等學校醫學部		1908		15 年升工場長	岸內工場長	
竹之內祐隆	鹿兒島高等農林學校				8 年由係長升部次長	農務部次長	
矢野邦美	鹿兒島高等農林學校					溪州製糖所長	轉任鹽水港紙漿工業董事
森宋吉	鹿兒島高等農林學校		1910		5 年升係長	旗尾農場長	
上園丸二	鹿屋農業學校				2 年由係次長升任係長 6 年由係長升製糖所次長	溪州製糖所次長	
鈴木憲二	滿洲醫大					本社保健課長	
松下三郎	熊本五高工科		1910		5 年升工場長 12 年升董事	董事	
守田龍生	熊本高等工業學校機械科	1913	1918		10 年升係主任 11 年升製糖所長	溪州製糖所長	
大野喜八	遞信講習所		1915			東京出張所人事係長	
長屋芳之助	慶應大學				8 年由係長升任部次長 1 年升任部長	東京出張所營業部長	轉任鹽水港紙漿總務部長
北村克也	慶應大學					東京出張所長營業部用度係長	轉任鹽水港紙漿東京出張所長
菅原寬二	慶應大學法科				10 年由係長升任部長	爪哇事業部總務部長	宮城縣人

岩崎犬雄	慶應大學理財科				11 年由係長任所長	東京出張所長	
槇有恒	慶應大學理財科		1928		5 年升係長 2 年升課長 3 年升部長 1 年升董事	董事	宮城縣人
常盤彥次	慶應大學經濟科				6 年由係長升部長	海南島事業部長	
槇哲	慶應義塾理財科	1890	1907	常務董事	13 年升董事	董事長	宮城縣人
柳下爲郎	橫濱三留塾					岸內製糖所工務係長	
岩秋太郎	築地工手學校					岸內製糖所工務係長	
朝井美智四	築地工手學校				7 年由係次長升任係長	大和工場工務係長	

資料來源：散見各類商工人名錄、會社年鑑。

小　結

　　對在台的日人企業菁英而言，親緣網絡旨在連結親戚，範疇最狹，然卻最爲緊密，其功效較常彰顯在家族企業的繼承與經營上，地緣網絡則旨在聯繫鄉親，範疇較廣，在稍具規模的中型企業上運用較多，其企業主經常返鄉籌措資金、網羅人才，以應企業發展所需。而學緣網絡旨在凝聚校友、系友力量，藉以壟斷人事升遷的機會，在大型企業上尤具影響力，然何以學緣網絡在大型企業上特別能夠發揮效用？此係因大型企業資本較巨，業務亦較複雜，惟有任用具有專業知識者始克承擔營運重任，在這種情況下，受過專業訓練的名牌學校畢業生，尤受青睞，經常獲得優先晉用與拔擢，累積數年後，他們結幫，並自行遴選，在企業內造成某些名校畢業生掌握領導權的局面，學閥亦於焉誕生。學緣網絡既甚易在大型企業內發揮作用，故不惟本章所提之台灣銀行、四大製糖會社是如此，在台灣電力、台灣拓殖等大型企業，學緣網絡的力量亦甚強勁，在此亦將簡單併述台灣電力、台灣拓殖的學緣網絡，以證明學緣網絡確實常在大型企業內被運用。

　　再者，綜上所述，可知學緣網絡在大型企業內發揮作用，實兼有雙重意義，一方面藉學緣網絡，壟斷人事升遷，建構領導中心，另方面亦賴學緣網

絡，吸納專業人士，以應業務需要，以下申述之。

　　就壟斷人事升遷、建構領導中心言，四大製糖會社的領導階層，皆明顯地由某一名校的畢業生所掌握，然後其下再輔以若干次要學校的畢業生，而在台灣銀行內的學閥運作，更可以細緻到不同科系間的較勁，以下先述四大製糖會社之概況，再言台灣銀行的情形，最後則併述台灣電力、台灣拓殖的狀況。

　　在四大製糖會社中，台灣製糖、鹽水港製糖的領導階層，以東京帝大畢業生人數最多，大日本製糖、明治製糖則分由慶應大學、東京高工的畢業者壟斷領導階層的職位，至於各學閥在四大製糖會社內支配人事升遷的情況，則整理成表3-3-1。

　　在四大製糖會社中，大日本製糖、明治製糖董事長的畢業學校，與企業內領導階層的學閥一致，故領導中心最為強固，至於台灣製糖、鹽水港製糖，因為董事長的畢業學校，與企業內領導階層的學閥不同，故領導中心的力量較為薄弱，惟兩公司之中又有差別，台灣製糖內東京帝大畢業生的實力明顯較為雄厚，故業績亦甚穩定，並長期居台灣糖界之首，而鹽水港製糖內的核心學閥力量較不強勁（參見表3-3-1），難撐大局，僅賴精神領袖槇哲的魅力領導，故鹽水港製糖在槇哲過世後，即紛爭不斷，最後甚至將董事長的寶座拱手讓給外人。

　　此外，值得注意的是，自新渡戶稻造博士引進札幌農校系統（1918 年後分化為北海道帝大及東北帝大的農業科系）後，台灣總督府的農務系統，即由該校畢業生所盤據，這些農務官員退職後，往往為各製糖會社所延攬，這亦造成札幌農校系統的畢業生壟斷各製糖會社農墾部門的情況，跨公司式的建立「札幌農校閥」（參見表3-3-2）。

表 3-3-1：日治時期台灣四大製糖會社內各學閥的支配概況

企業	壟斷之學閥	支　配　概　況
灣糖	首要支配學閥 東京帝大	在 85 位領導幹部中，東京帝大畢業者，共 33 人，佔總數的38.8%。在知道學歷的 11 名董監事中，東京帝大畢業者，共 6 人，佔總數的54.5%。在曾任製糖所長的 25 人中，東京帝大畢業者，共 12 人，佔總數的48%。
	次要支配學閥 東京高工	在 85 位領導幹部中，東京高工畢業者，共 8 位，佔總數的9.7%。在曾任製糖所長的 25 人中，東京高工畢業者，共 4 人，佔總數16%。

日糖	首要支配學閥 慶應大學	在 106 位領導幹部中，慶應大學畢業者，共 25 人，佔總數的 23.6%。在此 25 人中，有 24 人曾任係主任以上之職位，有 12 人曾任課長、製糖所長以上之職位，有 12 人曾任董監事以上之職位，有 7 人曾任常務董事以上之職位。
	次要支配學閥 東京帝大 札幌農校 東京高工	在 106 位領導幹部中，東京帝大畢業者，共 27 人，佔總數的 25.5%，在此 27 人中，有 11 人曾任課長、製糖所長以上之職位，有 9 人曾任董監事以上之職位，有 3 人曾任常務董事以上之職位。
		在 106 位領導幹部中，札幌農校系統畢業者，共 15 人，佔總數的 14.2%，在此 15 人中，有 5 人曾任課長、製糖所長以上之職位，有 4 人曾任董監事以上之職位，有 1 人曾任常務董事以上之職位。
		在 106 位領導幹部中，東京高工畢業者，共 9 人，佔總數的 8.5%。在此 9 人中，有 4 人曾任課長、製糖所長以上之職位，有 3 人曾任董監事以上之職位，有 1 人曾任常務董事以上之職位。
明糖	首要支配學閥 東京高工	在 72 位領導幹部中，東京高工畢業者，共 16 人。此 16 人中，最高職位任常務董事以上者，共 4 人，任董監事者，共 8 人，任部長、工場長、農事顧問者，共 3 人，任係長、課長者，共 1 人。在曾任明糖重役的 25 人中，東京高工畢業者，即佔 12 位，佔總數的 46.2%，掌握了明糖的決策核心。
	次要支配學閥 東京帝大 札幌農校	在 72 位領導階層中，東京帝大畢業者，共 17 人，在此 17 人中，最高職位任常務董事以上者，共 3 人，任部長、工場長、農事顧問者，共 4 人，任係長、課長者，共 10 人。在曾任明糖係長、課長、部長、工場長的 46 人中，東京帝大畢業者，共 14 人，佔總數的 30.4%，堪稱明糖中堅幹部。
		在 72 位領導幹部中，札幌農校系統畢業者，共 12 人，在此 12 人中，任董監事者，共 2 人，任部長、工場長、農事顧問者，共 3 人，任係長、課長者，共 7 人。
鹽糖	首要支配學閥 東京帝大	在 84 位領導幹部中，東京帝大畢業者，共 13 人，佔總數的 15.5%。在此 13 人中，最高職位任常務董事以上者，共 4 人，任董監事者，共 2 人，任係長、課長者，共 7 人。
	次要支配學閥 札幌農校 東京高工 東京高商	在 84 位領導幹部中，札幌農校系統畢業者，共 9 人，佔總數的 10.7%。在此 8 人中，任董監事者，共 3 人，任部長、工場長者，共 2 人，任係長、課長者，共 4 人。
		在 84 位領導幹部中，慶應大學畢業者，共 7 人，佔總數的 8.3%。在此 8 人中，最高職位任常務董事以上者，共 1 人，任董監事者，共 1 人，任部長、工場長者，共 4 人，任係長、課長者，共 1 人。
		在 84 位領導幹部中，東京高商畢業者，共 6 人，佔總數的 7.1%。在此 6 人中，最高職位任常務董事以上者，共 1 人，任董監事者，共 1 人，任部長、工場長者，共 2 人，任係長、課長者，共 2 人。

表 3-3-2：日治時期台灣四大製糖會社領導階層五大學閥的實力排行

企業名稱	東京帝大	札幌農校	慶應大學	東京高工	東京高商
台灣製糖	1（33人）	4（5人）	5（4人）	2（8人）	--（2人）
大日本製糖	2（27人）	3（15人）	1（25人）	4（9人）	--（2人）
明治製糖	2（17人）	3（12人）	--（2人）	1（16人）	--（2人）
鹽水港製糖	1（13人）	2（9人）	3（7人）	--（4人）	4（6人）
各社合計	1（90人次）	2（41人次）	3（38人次）	4（37人次）	5（12人次）

　　再觀台灣銀行的情形，在台銀內學閥的運作，已可細膩到不同科系的角力，該銀行由東京帝大政治、英法兩科的畢業生，壟斷最優先的晉升機會，不僅排擠非東京帝大的畢業生，甚至同為東京帝大的其他科系畢業生亦受壓抑。饒富意思的是，在台銀的人事升遷上，東京高商的畢業生，竟超越東京帝大政治、英法兩科以外的畢業生，成為佔居第二優勢的學閥。東京高商雖無緣獲任正、副董事長，但晉升理事的速度，除略遜於東京帝大政治、英法兩科的畢業生外，竟遠勝於其他著名大學、專門學校的畢業生，在台銀內結成東京高商幫，擁有強大的勢力。再者，台銀在學閥的運作下，「年功序列」已在同一學歷層內被嚴格奉行，若未按照年功序列循序晉升，常會掀起人事波瀾，例如：吉田勉超越學長荒木正次郎，先升副董事長，即曾引起很大的爭議。此外，由於各校畢業生在各自的學緣網絡內，獲得配置適當的地位，故亦不思跳槽其他公司，致「終身雇用制」在1930年代中葉後，已漸於台銀內生根。

　　以下再看台灣電力、台灣拓殖領導階層的出身學校，亦可見學緣網絡在這兩家企業運作的斑斑鑿痕，進而加強印證學緣網絡在大型企業人事升遷上運用的廣泛。在筆者所蒐集的台灣電力63位領導幹部中，竟有高達30位為東京帝大的畢業生，佔總數的47.6%，可見台電的領導階層已被東京帝大畢業生所壟斷，他們包括：高木友枝（醫學部，董事長）、松木幹一郎（英法科，董事長）、加藤恭平（英法科，董事長）、林安繁（英法科，董事長）、安達房治郎（德法科，副董事長）、山中義信（科系不詳，副董事長）、田端幸三郎（英法科，副董事長）、大越大藏（電氣科，理事）、南新吾（法科，理事）、宇賀四郎（德法科，理事）、畠山敏行（德法科，理事）、林將治（土木科，理事）、平澤越郎（政治科，理事）、野口敏治（政治科，理事）、土居政次（英

法科，理事）、增谷悠（土木科，理事）、中村太郎（政治科，理事）、新井榮吉（工科，理事）、水越幸一（政治科，囑託）、水上清治郎（政治科，部長）、北村厚（商業科，參事）、馬場憲三郎（電氣，課長）、楠富士太郎（建築科，技師）、椎名基（經濟科，係長）、揖場保（英法科，係長）、櫻井直堅（法科）、松木健三（政治科）、石垣鴻太郎（政治科）、高橋佐太一（政治科）、白石通夫（經濟科）等人。在台灣電力內尚有次要的學閥，此即為京都帝大的畢業生，他們共有 12 位，佔總數的 19.1%，包括：松本虎太（土木科，董事長）、國弘長重（電氣科，理事）、能澤外茂吉（英法科，理事）、村上功（電氣科，部長）、仲濱政平（電氣科，技師）、宮崎知己（德法科，主事）、北島泰三（法科，支店長）、武藤倭紀（經濟科，主事補）、吉本壽衛城（法科）、瀧口哲朗（電氣科）、山口要次（經濟科）、岡崎富博等人。

在台灣拓殖的領導階層中，亦可窺見學閥力量的強大，在筆者所蒐得的 56 位台拓領導幹部中，計有 22 位畢業自東京帝大，高佔總數的 39.3%，他們包括：加藤恭平（英法科，董事長）、久宗董（政治科，副董事長）、日下辰太（德法科，常任理事）、高山三平（德法科，常任理事）、石井龍豬（政治科，常任理事）、越藤恒吉（德法科，常任理事）、井坂孝（英法科，參與理事）、松木幹一郎（英法科，理事）、吉田秀穗（法科，常任監事）、寶來龜四郎（德法科，監事）、米村佐一郎（政治科，監事）、川副龍雄（政治科，參事）、大西文一（法科，參事）、大石浩（林學科，參事）、前田稔（經濟科，副參事）、牟田邦基（農藝化學科，工場長）、中村金平（法科，課長）、大橋洵（林學科）、北原三男（法科）、林清（政治科）、神原政春（政治科）、山口孝一（經濟科）等人，足證台拓的領導階層亦是由東京帝大閥所掌控。

接下來討論學緣網絡的第二層意義，即：學緣網絡可以幫助大型企業吸納專業人士，以應業務需要。就此部份言，由於日本官僚多出身法科，故日人特別崇拜法科畢業生，〔註143〕因此，法科畢業生擔任企業領導幹部可視為一般性任命，去除法科畢業生不計，再觀企業的屬性，即可找出那些領導幹部屬於專業性任命。大體而言，在台灣銀行內，商業、經濟類科的畢業生，

〔註143〕林明德，《日本的社會》（台北：三民書局，1997 年），頁 126，言：日本官僚大都為東京帝大的畢業生，大藏省官僚中，有九成以上的課長是東京帝大畢業，其中大部份是法學院畢業，法學院畢業生被認定為「菁英中的菁英」。

可視爲專業性任命；在四大製糖會社內，則可將農學、農藝化學、工業化學、應用化學、釀造、土木、鐵路等類科的畢業生，視爲專業性任命。

若依上述標準，檢視本文所蒐得的資料，可知：在台灣銀行的 102 名領導幹部中（僅計知道科系者），有 45 人屬專業性任命，佔總數的 44.1%。在台灣製糖、大日本製糖、明治製糖、鹽水港製糖等四大製糖會社的領導幹部中，則各有 61 人、55 人、47 人、39 人爲專業性任命，分別佔總數的 71.8%、51.9%、65.3%、46.4%。綜上可知，大型企業對專業要求較高，晉用專技人士亦較多，台銀及四大製糖會社專業、技術型的領導幹部皆在四成五以上，台灣製糖更高達七成多。

最後附帶討論日人企業菁英學緣網絡本土化的問題。在上述台灣銀行、四大製糖會社、台灣電力、台灣拓殖七家企業的領導階層，多畢業自東京帝大、慶應大學、東京高工、東京高商、札幌農校、京都帝大等名校，其全爲日本內地名牌學校，並無任何台灣本地的名校。然至日治末期，台灣本地名校的畢業生，亦漸知運用學緣網絡，凝聚力量，以 1942 年的台灣商工銀行領導幹部爲例，當時該行扣除董、監事不計，擔任副支店長以上職位者共有 65 人，其中，可知學歷者計有 32 人，在此 32 人中，竟有 15 人爲台北高商的畢業生，佔總數近半，〔註144〕可見台北高商閥亦漸壟斷台灣商工銀行的中高級幹部。此外，在日治末期的台灣製糖中，亦有 7 位台北帝大畢業生躋身領導幹部之列，凡此皆可顯見：日治末期日人在台企業菁英的學緣網絡，已漸有本土化之趨勢。

〔註144〕大園市藏，《台灣人事態勢と事業界》（台北：新時代社台灣支社，1942 年），頁 222～225。

第肆章　政治網絡

　　1919 年 5 月底，台灣電力即將創立，台灣總督明石元二郎、民政長官下村宏，終於合力說服原本打算退休、高齡 62 歲的醫學博士高木友枝，接任該公司的董事長之位。〔註 1〕然高木甫上任不久，台灣總督即改由政黨內閣任命，此後，台灣官控會社的人事，亦經常隨中央政府的政黨輪替而有更迭。高木在政黨傾向上，與第一、二任文官總督並不一致，但憑著後藤新平的庇護和個人的聲望，終於有驚無險渡過，第三、四任文官總督與其政黨傾向相同，高木總算能安穩任職。然就在高木第二任任滿前 20 天，不同政黨的第五任文官總督即迫不及待令其去職，改由遠藤達繼任董事長。但世事難料，遠藤上任尚未滿月，第五任文官總督即因政黨輪替垮台，繼任的總督毫不留情，迅速撤換遠藤，改派同黨的松木幹一郎接任，斯時，遠藤達才就任 165 天，至此，政黨派閥已成為支配台電人事的重要因素。

　　高木友枝事例的意義尚不僅止於此，高木在退休前，長期擔任台北醫院院長之職，長達 28 年之久，他與電力事業毫無淵源，卻因頗負清望，即在台灣總督府的安排下，隨意轉任台灣電力的董座。雖然台人輿論對於像高木這類非專業的人事任命多次譏諷，但從未動搖總督府的意志，退職官吏轉入官控會社、組合任職的風氣不減反熾，再加上，退職官吏們又經常相互援引，可說已在台灣企業界已形成一個「退職官吏網絡」（以下簡稱「退官網絡」），而高木友枝正是此一退官網絡的萬千成員之一。

　　綜上可知，政黨派閥、退官網絡這兩大政治網絡，對日治時期台灣企業界的人事變動，具有強大的支配力量，本章即旨在究明其概況，以便更清楚

〔註 1〕吳政憲，〈台灣電力株式會社（1919～1944）──組織結構與人事（下）〉，《台灣風物》第 54 卷第 1 期（台北：台灣風物雜誌社，2004 年 3 月），頁 48。

勾勒其對台灣企業界人事更迭上的影響。本章共分三節，在第一節中，將以
台灣電力為例，討論日本中央政府的政黨輪替，對台灣官控會社人事異動的
影響，這種影響在台灣電力、台灣製鹽、台灣製腦、台灣青果等官控會社，
皆有強烈作用，其中，尤以台灣電力最顯著。在第二、三節中，將分別從個
案、整體的視角，探討退職官吏轉進台灣企業界的概況，第二節以台灣青果
會社、青果同業組合為例，論述台灣總督府如何在香蕉運銷過程中，創置兩
個贅餘的系統，大量酬庸退職官吏，巧妙榨取台灣蕉農的辛勤所得，並將利
益重行分配給台、日兩地的政商，第三節中，則蒐集 500 個事例，泛論退職
官吏轉入台灣企業界的四種類型，包括：轉入官控會社組合任職、爭取成為
專賣品批售商、轉入民營企業任職、自行創立個人商號等，這些退職官吏有
些成為殖民政府控制金融、電力、特產品、煤礦、重要產業的尖兵，有些則
分食不勞而獲的專賣利益，但他們亦為台灣的民營企業供給不少經營人才，
有助於提升台灣企業界的經營水準。

第一節　政黨派閥與官控會社的運作──以台灣電力　為例

　　台灣電力創立於 1919 年 8 月，最初資本額 3,000 萬圓，職員、傭工 1,019
人。1929 年，合併台灣電氣興業，增資為 3,449.5 萬圓。1935、1939 年，又
分別增資為 4,575 萬圓、7,000 萬圓。1940 年，再相繼合併台灣合同電氣、台
灣電燈兩家公司，增資為 7,740 萬圓。〔註2〕1944 年，在電力一元化政策下，
又合併東台灣電力，〔註3〕此時，台電不僅獨佔全台電力事業，資本額亦一舉
突破一億圓，職員、傭工更高達 6,000 人之眾，成為全台最大的企業。

　　台電在創立之初，總督府將原有發電所的資產，折成 1,200 萬圓投資台
電，即擁有台電股票 240,000 股，佔台電股票總數的 40%，為台電第一大股東
（參見表 4-1-1）。此後，即使在 1936 年底起，日本保險業資金大舉投入台電，
台灣總督府的持股率亦仍遙遙領先其他股東（表 4-1-2、表 4-1-3），故正副董
事長、理監事皆由台灣總督任命，任期為五年。

　　台電創於大正民主時代，斯時，台灣總督經常隨內閣政黨輪替而有所更

〔註2〕 《台灣會社年鑑》昭和 18 年版（台北：台灣經濟研究會，1942 年），頁 50。
〔註3〕 林炳炎，《台灣電力株式會社發展史》（台北：著者自印，1997 年），頁 152。

迭，而台灣總督又握有台電人事的絕對支配權，因此，台電人事亦經常隨之
異動，政黨派閥對台電人事的影響十分明顯。是故，藉由研究台電領導階層
的人事變動，了解政黨派閥如何影響日人在台企業菁英的政治網絡運作，誠
爲良好的觀察視角。

表 4-1-1：1923 年時台灣電力十大股東的持股數、持股率

排行	大股東	持股數	持股率	排行	大股東	持股數	持股率
1	台灣總督府	240,000	40.0%	6	伊藤勝藏	3,000	0.50%
2	台灣銀行	5,000	0.83%	7	小菅隆三	2,800	0.47%
3	小池國三	3,500	0.58%	8	吳鸞旂實業	2,722	0.45%
4	天主教公會	3,342	0.56%	9	彰化銀行	2,500	0.42%
5	三井合名	3,000	0.50%	10	台南州罹災救助基金	2,310	0.39%

資料來源：杉浦和作，《台灣會社銀行錄》大正 12 年版（台北：台灣實業興信所，1923 年），
頁 337。
說　　明：此時台灣電力資本額 3,000 萬圓，共發行 600,000 股。

表 4-1-2：1936 年底台灣電力六大股東的持股數、持股率

排行	大股東	持股數	持股率	排行	大股東	持股數	持股率
1	台灣總督府	240,000	26.22%	4	日本生命保險	15,400	1.68%
2	交通局鐵道職員共濟組合	20,000	2.19%	5	財團法人台灣救濟團	11,000	1.20%
3	帝國生命保險	18,735	2.05%	6	明治生命保險	10,000	1.09%

資料來源：《台灣會社年鑑》昭和 13 年版（台北：台灣經濟研究會，1937 年），頁 239。
說　　明：此時台灣電力資本額 4,575 萬圓，共發行 915,000 股。

表 4-1-3：1942 年底台灣電力十大股東的持股數、持股率

排行	大股東	持股數	持股率	排行	大股東	持股數	持股率
1	台灣總督府	240,000	15.50%	6	明治生命保險	28,230	1.82%
2	帝國生命保險	66,000	4.26%	7	簡易生命保險公積金	24,400	1.58%
3	日本生命保險	50,000	3.23%	8	郵便年金公積金	20,000	1.29%
4	第一生命保險	32,575	2.10%	9	千代田生命保險	19,900	1.29%
5	交通局鐵道職員共濟組合	30,000	1.94%	10	財團法人台灣救濟團	16,500	1.07%

資料來源：《台灣會社年鑑》昭和 18 年版（台北：台灣經濟研究會，1942 年），頁 50。
說　　明：此時台灣電力資本額 7,740 萬圓，共發行 1,548,000 股。

一、後藤閥、憲政會與高木友枝董事長

　　台電首任董事長爲高木友枝（1858～1943），其 1885 年東京帝大醫學部畢業後，即歷任福島、鹿兒島縣立醫院長，1893 年，轉入傳染病研究所任職。〔註4〕1895 年，甲午戰爭爆發，兒玉源太郎、後藤新平負責檢疫工作，後藤乃徵召傳染病專家高木製造血清，醫療霍亂病患，成績斐然。隔年，後藤任內務省衛生局長，拔擢高木爲該局技師，從此高木亦成爲後藤的嫡系人馬。〔註5〕1902 年，時任台灣民政長官的後藤新平，爲建立台地醫院制度，乃召高木擔任台北醫院長、總督府技師、總督府醫學校長。其後，高木又在後藤的支持下，創設總督府研究所，並兼任所長，聲望達到頂點。

　　1906 年 11 月，後藤轉任滿鐵總裁，但「後藤閥」在台勢力依舊強大，在後藤閥的庇護下，高木仍在台任職。1908 年 5 月，佐久間左馬太總督任命政友會的大島久滿次爲民政長官，大島與內務局長川村竹治、參事官山田新一郎等人，結成大島派，敵視後藤閥。但 1910 年 7 月，勢力盤根錯節的後藤閥，反藉「林本源製糖會社貪污事件」、「阿里山官營林地放領貪污事件」，迫大島派相關幹部辭職，〔註6〕高木在此過程中，雖非急先鋒，但也被政友會歸類爲敵人。

　　大島去職後，繼任代理民政長官的宮尾舜治，亦爲後藤閥的成員，之後接任民政長官的內田嘉吉，雖屬政友會成員，但他爲後藤新平「滿鐵」、拓殖局的下屬，更因後藤的推薦才能接任民政長官，〔註7〕故高木的地位仍不動如山。

　　1918 年，原敬內閣成立，此後，台灣總督及總務長官的任免，常隨中央政局變化而有更動，帶有政黨色彩的人事任命也變得十分常見。1919 年 10 月，首任文官總督田健治郎雖屬政友會，但因與後藤新平有姻親關係，〔註8〕

〔註4〕　大園市藏，《台灣人物誌》（台北：谷澤書店，1916 年），頁 8。另根據小田俊郎，《台灣醫學 50 年》（台北：前衛出版社，1995 年），頁 82，言：高木任職傳染病研究所時發生相馬事件，後藤新平因連坐而入獄，高木友枝經常送東西給後藤新平，並代爲照顧後藤家屬，故其於後藤家有很大的恩惠。

〔註5〕　田中一二，《台灣の新人舊人》（台北：台灣通信社，1928 年），頁 70。

〔註6〕　黃昭堂著、黃英哲譯，《台灣總督府》（台北：自由時代出版社，1989 年），頁 99。

〔註7〕　黃昭堂著、黃英哲譯，《台灣總督府》（台北：自由時代出版社，1989 年），頁 101。

〔註8〕　黃昭堂著、黃英哲譯，《台灣總督府》（台北：自由時代出版社，1989 年），頁

故並未否定兩個月前高木出任台電首任董事長的人事案。第二任文官總督內田嘉吉，雖亦屬政友會，但如前述其爲後藤舊屬，故高木的董事長之位仍然無憂。

1924 年 9 月至 1928 年 6 月，憲政會的伊澤多喜男、上山滿之進相繼接任台灣總督（參見表 4-1-4），兩人不僅在總督府中整肅屬於政友會的官員，也在官控會社中扶植憲政會的人馬，伊澤總督在台灣製腦，以憲政會的妻木栗造爲專務董事，取代政友會的專務董事三村三平、常務董事河村徹，上山總督亦在台灣製鹽，以憲政會的荒卷鐵之助爲董事長，取代政友會的津田毅一，〔註9〕在這種氣氛下，傾向後藤閥、憲政會的高木，地位益加鞏固。

二、政友會支持下的遠藤達董事長

但 1928 年 6 月情勢丕變，政友會的川村竹治繼任總督，其爲前述大島派的要角，自然不會忘記對後藤閥復仇。〔註10〕10 月，川村總督安排其兒女親家的遠藤達擔任台電副董事長，〔註11〕高木不僅接受，而且還發表歡迎遠藤副董事長的言論，但於事無補。高木就在後藤新平去世後三個月、第二任董事長任期屆滿前二十天，即 1929 年 7 月初，被川村總督、遠藤副董事長聯手以高壓手段逼退。〔註12〕

然高木去職後不到一個月，日本政黨輪替，民政黨的濱口雄幸內閣誕生，〔註13〕民政黨敵視政友會，7 月底，隸屬政友會的川村總督因此垮台，

118。再根據吳文星等編，《台灣總督田健治郎日記》上冊（台北：中央研究院台灣史研究所籌備處，2001 年），頁 50，言：後藤新平妻兄安場末喜，其子安場保健爲田健治郎女婿，故後藤新平與田健治郎有姻親關係。

〔註 9〕《台灣實業界》昭和 4 年 12 月號。

〔註 10〕《台灣實業界》昭和 4 年 8 月號，言：川村竹治在總督府、御用公司都極力安插嫡系人馬，在總督府內有：交通局總長丸茂藤平、專賣局長常吉德壽、警務局長大久保留次郎、殖產局長內田隆等人，內務局長豐田勝藏也有政友會的色彩；在官控會社方面，川村總督安插者，除台灣電力董事長遠藤達外，還有台灣製腦專務董事日比重雄、台灣青果董事長村田俊彥、鹽水港董事長入江海平都屬於川村總督的嫡系，這些人在川村總督垮台後亦紛紛去職。

〔註 11〕《台灣人士鑑》1943 年版（台北：興南新聞社，1943 年），頁 99：川村竹治三女たか嫁給遠藤達長男遠藤毅。

〔註 12〕《台灣實業界》昭和 4 年 7 月、12 月號。

〔註 13〕1913 年，桂太郎、後藤新平收編立憲國民黨大部份人士，組建同志會，1915 年，再吸收若干小黨，改組爲憲政會，1927 年，憲政會合併政友本黨，改組爲立憲民政黨，通稱民政黨。

改由民政黨的石塚英藏入主台灣總督府（參見表 4-1-4），政友會的遠藤亦如坐針氈。石塚總督不僅以種種行政手段掣肘遠藤，升任山中義信為副董事長，〔註 14〕監視遠藤，最後甚至發生強行搜索遠藤家宅的事件，12 月底，遠藤黯然下台，在位僅 165 天，〔註 15〕就由松木幹一郎繼任台電第三任董事長。

表 4-1-4：日治時期台灣文官總督的任期與所屬黨派（1919～1936）

台灣總督	就任時間	所屬黨派	備　　　　註
田健治郎	1919.10.29	政友會	後藤新平姻親
內田嘉吉	1923.09.06	政友會	曾為後藤新平下屬
伊澤多喜男	1924.09.01	憲政會	
上山滿之進	1926.07.16	憲政會	
川村竹治	1928.06.15	政友會	
石塚英藏	1929.07.30	民政黨	
太田政弘	1931.01.16	民政黨	
南弘	1932.03.02	政友會	
中川健藏	1932.05.27	民政黨	總務長官平塚廣義屬政友會

資料來源：黃昭堂著、黃英哲譯，《台灣總督府》（台北：自由時代出版社，1989 年），頁 114～115。

三、民政黨支持下的松木幹一郎董事長

松木幹一郎（1871～1939），1896 年東京帝大英法科畢業，曾任廣島一等郵局長、橫濱遞信局長、鐵道院理事、東京電氣局長、山下汽船副董事長、東京市政調查會專務理事、帝都復興院副總裁，〔註 16〕其中，東京市政調查會

〔註 14〕 山中義信，曾任台銀支店長、華銀副總理，在政治傾向上較接近憲政會，他在憲政會的上山總督時進入台電擔任理事，憲政會的石塚總督又安排其升任副董事長，但在政友會的南弘總督時代，山中信義以台電公債發行順利任務已完為表面理由辭職，背後實有總督府之壓力，迫其去職。

〔註 15〕 林炳炎，《台灣電力株式會社發展史》（台北：著者自印，1997 年），頁 201頁。

〔註 16〕 松木除任台電董事長外，還曾任總督府評議會員、臨時產業調查會委員、熱帶產業調查會委員、台灣始政四十週年紀念博覽會協贊會長、國立公園委員會委員、台灣工業協會理事長，名重一時，為台灣民間的代表者之一。

的會長、帝都復興院的總裁爲後藤新平，〔註17〕故松木亦爲「後藤閥」的核心
成員之一。而松木的另一政治靠山農商務相山本達雄爲民政黨大老，〔註 18〕
故松木亦帶有濃厚的民政黨色彩。

　　松木的政治手腕十分靈活，首先，他將女兒嫁給貴族院研究會領袖青木
信光子爵之子，使其不僅成爲華族的親戚，〔註 19〕亦開啓日後收買貴族院政
客的途徑。其次，在其入主台電後不久，即引進嫡系安達房治郎進入台電擔
任理事，安達曾任帝都復興院官員、朝鮮知事、東拓理事，亦屬後藤閥一員，
〔註 20〕其兄爲貴族院議員、朝鮮銀行總裁，故政治實力亦頗爲雄厚。〔註 21〕
安達更是松木整編台電的好幫手，其不僅以高價購買青木的舊宅，〔註 22〕變
相賄賂青木信光，同時，爲掩蓋松木以台電機密費賄賂政客的醜聞，安達又
驅逐東京出張所長水上清次郎，改以自己的表弟北村厚接任所長，派遣近親
在東京爲松木、安達處理帳目。〔註 23〕

　　松木亦深知台電董事長之位的任免，完全掌握在中央政界，於是致力於
拉攏日本內地的政商勢力，1931 年，松木不顧台地土木承包商的抗議，與台
灣土木建築協會公開絕裂，〔註 24〕接著，壓抑傾向政友會的加藤組內地政治
商人，〔註 25〕改由清水組、大林組等接手承包日月潭水力發電工程。〔註 26〕
再者，松木也以消化電力的名義，與住友財閥簽下長達四十年的密秘契約，
提供住友財閥超低價的電力發展鋁業，但卻讓台地客戶使用較爲昂貴的電
力。〔註 27〕松木更赤裸裸地以台電人事、每年十萬圓的機密費，〔註 28〕酬庸

〔註 17〕　《台灣實業界》昭和 7 年 4 月號。
〔註 18〕　《台灣實業界》昭和 7 年 4 月號。
〔註 19〕　《台灣實業界》昭和 11 年 1 月號。
〔註 20〕　《台灣實業界》昭和 7 年 4 月號。
〔註 21〕　《台灣實業界》昭和 11 年 1 月號。
〔註 22〕　《台灣實業界》昭和 11 年 1 月號。
〔註 23〕　《台灣實業界》昭和 8 年 12 月號。
〔註 24〕　台灣土木建築協會的委任律師爲安保忠毅，安保與政友會的台灣日日新報董
　　　　　事長河村徹爲大學同學，政治傾向上亦屬政友會。河村徹曾任台灣製腦常務
　　　　　董事，後被憲政會的伊澤多喜男總督所逐，此亦爲安保、河村反松木董事長
　　　　　的原因之一。
〔註 25〕　《台灣實業界》昭和 4 年 7 月號，1929 年 7 月前，川村總督主要扶持加藤組
　　　　　來承包日月潭水力發電工程，但川村總督卸任後，已不見加藤組爲日月潭水
　　　　　力發電工程的巨商，可見可能遭石塚英藏逼退。
〔註 26〕　《台灣實業界》昭和 8 年 12 月號。
〔註 27〕　《台灣實業界》昭和 8 年 12 月號。

或收買政客，其安排貴族院的牧野忠篤擔任台電監事，讓從未到過台灣的牧野，每年坐領五、六千圓的監事費，〔註 29〕又支給民政黨的石塚英藏、太田政弘總督每月數百圓的顧問費，〔註 30〕另外，松木也運用機密費，在東京政界供養二十多位政客，故松木能全然無視台地輿論的嚴厲批評，安坐台電董事長之位。〔註 31〕

松木也在台電內剷除異己，厚植私人勢力，1932 年，松木不顧後宮信太郎、辻本正春的說情，將反對清水組、大林組承包日月潭水力發電工程的理事南政吉逐出台電。〔註 32〕1934 年，松木第一任董事長任期將屆，政友會的宇賀四郎理事〔註 33〕與畠山敏行理事聯手策動推倒松木的活動，〔註 34〕松木則與安達攜手化解此一陰謀。1935 年，松木連任成功後，爲酬謝安達的支持，乃將安達升爲副董事長，〔註 35〕不久，更將傾向政友會的宇賀理事逐出台電，引進嫡系後藤曠二擔任理事。〔註 36〕1937 年，松木再安插另一嫡系人馬林將治擔任理事，後藤曠二、林將治並稱松木的左右護法，一爲電氣專家，一爲土木專家。〔註 37〕1938 年，又安排另一嫡系平澤越郎進入台電擔任顧問，年領九千圓薪水。〔註 38〕但松木這種整肅異己、不次拔擢嫡系人馬的

〔註 28〕《台灣實業界》昭和 11 年 1 月號。台電機密費在高木友枝時代爲二萬圓左右，到 1936 年時已高達十萬圓。
〔註 29〕《台灣實業界》昭和 14 年 7 月號。
〔註 30〕《台灣實業界》昭和 8 年 12 月號。
〔註 31〕《台灣實業界》昭和 14 年 7 月號。
〔註 32〕《台灣實業界》昭和 8 年 12 月號。
〔註 33〕《台灣實業界》昭和 7 年 4 月號。宇賀，1908 年東京帝大畢業，曾任大藏省官員、中央專賣局煙草課長、1914 年任台灣專賣局長，政黨傾向上較偏政友會系，1924 年，因台灣製腦、台灣製鹽、鴉片問題被憲政會的伊澤總督所排，後返回日本，川村總督時代再度入台，任台北州知事。1931 年 8 月，台灣總督府爲安排宇賀退官後的出路，向台電強迫推銷，松木董事長只好接受宇賀進入台電擔任理事。
〔註 34〕《台灣實業界》昭和 11 年 12 月號。畠山理事，日本中央遞信省電務局長，1932 年，轉任台電理事，後因松木任用私人和濫用機密費，與松木交惡，致使台電爆發內鬨。
〔註 35〕《台灣實業界》昭和 9 年 3 月號。台電董事長的價碼在當時已叫價五、六萬圓。
〔註 36〕《台灣實業界》昭和 11 年 1 月號、昭和 14 年 5 月號。1934 年，理事出缺時，松木即欲推薦後藤曠二藤擔任，但台灣總督府則空降敕任官能澤外茂吉。1939 年，松木過世，後藤曠二亦辭職，並參加松木傳記的編纂。
〔註 37〕《台灣實業界》昭和 12 年 10 月號。
〔註 38〕《台灣實業界》昭和 15 年 7 月號、16 年 1 月號。平澤越郎，1906 年東京帝

情事，也得罪了許多政界高官，輿論認為松木樹敵眾多，遭受打擊是遲早之事。〔註39〕

　　早在南弘總督時代（1932年3月初～5月底），就曾一度傳言政友會將安排財政局長岡田信轉任台電董事長，但因政友會的南弘總督就任不到三個月就辭職，所以岡田信並未取代民政黨的松木，隨著民政黨的中川健藏總督就任後（參見表4-1-4），松木即安然渡過危機。〔註40〕但1935～1936年，松木遭遇更嚴厲的考驗，此次為其堅定的盟友、副董事長安達房次郎的挑戰。

　　安達房治郎原本係賴松木之關係，而能進入台電，但在合作剷除宇賀理事後卻逐漸交惡。當時的總督中川健藏雖屬民政黨，但總務長官平塚廣義卻為政友會，平塚對民政黨的松木頗為仇視。〔註41〕安達對台電董事長之位亦有野心，〔註42〕乃挾平塚之力排斥松木，安達高唱電力官營，以此做為打擊松木的政策，因為電力若收歸總督府官營，台電董事長也將由官員擔任，松木將失去職位，故松木強力反對電力官營。〔註43〕經歷一番惡鬥，1936年9月，武官總督小林躋造上台，平塚廣義去職，加上，松木、安達彼此互有把柄，安達終無力扳倒松木，乃於1937年自動退社，〔註44〕轉入日本礦業擔任董事。〔註45〕

四、政黨兩敗俱傷後的台電董事長

　　1939年6月，松木幹一郎在東京去世，由於台電資本額龐大、體質又較台灣拓殖健全，引起各方勢力的垂涎與角逐。〔註46〕理事能澤外茂吉首先發

大政治科畢業後，即進入日銀、茂木銀、七十四銀、橫濱儲銀擔任重役。其為平澤家的養子，前內務大臣小原直為其親兄，田健治郎總督姪婿生駒高常知事為其有姻親關係的義兄，畑俊六大將為其東京府立一中的同學，興銀總裁寶來、三和銀董事長中根、台拓董事長加藤為其大學同學，故平澤的政治靠山之力量頗為雄厚。

〔註39〕《台灣實業界》昭和14年7月號。
〔註40〕《台灣實業界》昭和11年1月號。
〔註41〕《台灣實業界》昭和12年1月號。
〔註42〕《台灣實業界》昭和13年1月號。
〔註43〕《台灣實業界》昭和13年1月號。
〔註44〕《台灣實業界》昭和13年1月號。
〔註45〕《台灣實業界》昭和15年3、5月號，安達因與日產（滿重系）財閥鮎川交情頗佳，故轉往日本礦業擔任董事。
〔註46〕《台灣實業界》昭和14年7月號。

難，爲前總務長官平塚廣義的繼任開始活動，同時，平塚本人也表示願意紆尊降貴，得到小磯拓相的支持。〔註47〕不久，前拓相兒玉秀雄推薦他的次官荻原接任，此外，日本礦業董事安達房治郎、九州電力王松永安左衛門、貴族院研究會的八條隆正子爵、小坂順三、前台灣總督府財政局長岡田信等人，也都積極爭取擔任台電董事長之位。再者，青木信光子爵爲了繼續保有台電所提供的政治資金，也密切注意台電董事長的爭奪戰。〔註48〕在各方勢力無法擺平的狀況下，最後由台灣拓殖董事長加藤恭平暫代台電董事長之位。加藤出身三菱財閥，政黨傾向上較親近民政黨，加上，加藤與松木幹一郎一樣，都畢業於東京帝大英法科（1905 年），故由其出線變動性最小，較易爲各方所接納。

加藤代理台電董事長 113 天後，中央再度空降林安繁（1876～1948）接任董事長。林安繁，石川縣金澤市人，1901 年，東京帝大英法科畢業後，即進入大阪商船工作，後轉入宇治川電氣任職，在台電董事長出缺時，其已是宇治川電氣董事長、關西共同火力發電董事長，爲關西電力界的重要人物。〔註49〕因其接任台電董事長時已是 63 歲高齡，故在台缺少同輩的同學或朋友，這使得輩份既高、又少人情包袱的林安繁，在人事任用上，能較爲超然客觀，不再像松木一樣濫用私人，改用技術型的幹部。〔註50〕

林安繁啓用資深官員、殖產局長田端幸三郎爲副董事長，由其負責在台灣與總督府交涉，再聘用台銀經理土居政次，由其負責處理台電與台銀的關係。〔註51〕再者，又相繼晉升資深技師松尾秀雄、下村秀一爲理事，松尾、下村兩人皆自旅順工科學堂電氣科畢業，都在 1919 年進入台電，兩人分別在任職 21、23 年後被林安繁拔升爲理事。〔註52〕即使是任用自己的嫡系人馬，林安繁亦重選拔技術人材，例如：1940 年底，引進宇治川電力董事永井專三擔任台電理事，主要係看重永井技術者出身，在土木方面頗有心得，〔註53〕並非爲了培植私人勢力。

〔註47〕《台灣實業界》昭和 14 年 11 月號。
〔註48〕《台灣實業界》昭和 14 年 8 月號。
〔註49〕《台灣實業界》昭和 14 年 11 月號。
〔註50〕《台灣實業界》昭和 15 年 10 月號。
〔註51〕《台灣實業界》昭和 15 年 2 月號。
〔註52〕《台灣實業界》昭和 15 年 10、11 月號。
〔註53〕《台灣實業界》昭和 16 年 2 月號。永井專三，大阪人，1900 年東京帝大土木科畢業，1923 年，即擔任宇治川電氣的董事。

　　1942 年初，高齡 74 歲的增田次郎，繼任台電董事長。增田大器晚成，〔註54〕31 歲文官考試及格後，赴台在樟腦局、專賣局任官，受後藤新平幕僚齋藤參吉的賞識，逐漸成爲後藤閥的一員。後藤轉任滿鐵總裁時，增田更被拔擢爲總裁秘書。其後，增田一度當選國會議員，並任憲政會的幹事。離開政界後，增田獲後藤新平推薦成爲福澤桃介（福澤諭吉婿養子）的嫡系人馬，逐漸轉入實業界發展。1938 年，終於升任大同電力董事長，該公司當時爲日本第五大電力公司，資本額高達一億八千六百萬圓。〔註55〕增田董事長賡續林安繁的政策，繼續選用台灣總督府或台電資深技術人員出任理事，重要者如：松本虎太〔註56〕、中村太郎〔註57〕、山本格、瀧口陸造、增谷悠〔註58〕等人皆是。

　　綜言之，台電從 1919 年 8 月創立到 1939 年 6 月松木董事長去世爲止，雖說親緣網絡〔註59〕、地緣網絡〔註60〕、學緣網絡〔註61〕亦爲支配台電高層人事的重要因素，但政黨派閥才是支配台電高層人事的最關鍵因素，每逢日

〔註54〕增田次郎，1868 年生，靜岡縣人。

〔註55〕增田次郎爲報答後藤新平的知遇之恩，亦安排後藤之子後藤一藏擔任子公司的董監事。

〔註56〕松本虎太，香川縣人，爲曾是台北商界之首的木下新三郎女婿。1906 年，京都帝大土木科畢業後，即進入官界服務。1928 年曾任交通局基隆出張所長、後任總督府敕任技師，1942 年轉任台電理事，1943 年升任副董事長，1945年初接任董事長，成爲日人台電末代董事長，戰後，獲國民政府留用。

〔註57〕中村太郎，1886 年生，東京帝大法科畢業，長年擔任台電營業部長、董事長辦公室秘書。

〔註58〕增谷悠長年擔任台電土木課長。

〔註59〕如：政友會的田健治郎總督因與後藤新平有姻親關係，故未否決高木友枝就任董事長的人事案，而高木在政治傾向爲憲政會。又如：政友會的川村竹治總督，以迅雷不及掩耳之勢，任用兒女親家遠藤達擔任董事長，取代高木友枝。再如：松木幹一郎董事長，將女兒下嫁貴族院研究會領袖青木信光子爵之子，並倚之爲政治靠山。

〔註60〕《台灣實業界》昭和 14 年 2 月號，言：理事能澤外茂吉爲石川縣金澤市人，在松木過世後，能澤最初支持平塚廣義繼任台電董事長，但後來得知同爲金澤市人的林安繁將兼任台電，董事長，能澤亦表示高度歡迎之意。再者，土居政次與松本虎太皆爲香川縣人，兩人亦互爲奧援。

〔註61〕台電層峰多爲東京帝大英法科畢業，如：松木幹一郎、加藤恭平、林安繁三位董事長、田端幸三郎副董事長、土居政次理事都是東京帝大英法科畢業。畠山敏行、宇賀四郎兩人都是東京帝大德法科畢業，所以兩人曾聯手共同策動反松木幹一郎的陰謀。松尾秀雄、下村秀一兩人是旅順工學堂的同屆同學，兩人情同手足，在職位的晉升上相互扶持。

本中央內閣政黨輪替，台電亦有類似的人事更迭。直到政黨惡鬥兩敗俱傷、軍部大權在握後，政黨派閥才不再是影響台電高層人事的重要因素，故雖林安繁較支持政友會〔註62〕、增田次郎較傾向民政黨，但兩人在任用高級幹部時，已多選用資深技術者出任理事，而非政黨派閥的人事安插。

第二節　退官網絡與官控會社及組合的運作
——以台灣青果會社、青果同業組合爲例

日人在台的人數一直不多，至1943年尙不滿40萬人，僅佔當時台灣總人口660萬人的6%，日本政府爲鼓勵移民台灣，不僅發給獎金，還建立了內地人村，然成效不彰，1915年以後，甚至有9個年份還發生人口逆流回日的現象。〔註63〕倘若居台日人過少，極可能影響台灣總督府的統治地位，是故，如何挽救日人的留台意願，很早就成爲台灣總督府的施政要項之一。在居台的日人當中，以1930年第三次國勢調查爲例，擔任官吏者超過1/5，佔居最高比例（參見表4-2-1），同時，官吏又是素質較高、最嫻熟政令者，因此，如何妥善安排退職官吏出路，令其願意留台，實攸關總督府能否有效掌控台灣。

表4-2-1：1930年日人在台的職業分布

職　　業	人　　數	百分比%
農　業	4,449	4.69
水產業	1,620	1.71
礦　業	418	0.44
工　業	14,784	15.59
商　業	18,135	19.13
交通業	9,063	9.56
官　吏	21,627	22.81
軍　人	6,987	7.37

〔註62〕林安繁爲中橋德五郎的嫡系，中橋德五郎曾任大阪商船重役，爲政友會要角。
〔註63〕黃昭堂著，黃英哲譯，《台灣總督府》（台北：自由時代出版社，1989年），頁232。

教育業	4,247	4.48
自由業	9,005	9.50
其　他	4,466	4.72
總　計	94,801	100.00

資料來源：黃昭堂著，黃英哲譯，《台灣總督府》（台北：自由時代出版社，1989 年），頁 234。
說　　明：僅計有職業者，無業者不計。

　　本節將以台灣青果會社、青果同業組合爲例，討論台灣總督府爲剝削香蕉利益，如何在既有的香蕉交易秩序中，另外創出青果同業組合、台灣青果會社兩個系統，並大量安插退職官員進入這兩個系統，統制香蕉的銷售網絡，既可給予退職官吏優渥的照顧，又能巧妙移轉台人蕉農的辛苦所得，將龐大的香蕉利益，重行分配給台、日兩地的日人政商。

一、青果同業組合系統的建立

　　香蕉，最初在台灣外貿中所佔的比例實微不足道，至 1914、1915 年之際，始異軍突起漸成台灣的重要輸出品，1918 年後，更成爲台灣外銷貨物中，價值僅次於糖、米的重要商品，在 1923 年以後，台灣每年外銷香蕉的金額約在 1,000 萬圓上下，日治末期甚至一度高達 2,800 萬圓（參見表 4-2-2）。

表 4-2-2：日治時期歷年台灣香蕉的輸出金額

年　份	對日本輸出額	對各國輸出額	總輸出金額
1907	43,146	983	44,129
1908	104,515	643	105,158
1909	155,879	460	156,339
1910	345,030	350	345,380
1911	378,005	151	378,156
1912	336,617	801	337,418
1913	374,234	334	374,568
1914	587,017	29	587,046
1915	648,564	223	648,787
1916	1,054,056	1,883	1,055,939
1917	1,600,618	10,387	1,611,005

1918	2,014,807	59,110	2,073,917
1919	2,030,343	20,035	2,050,378
1920	1,805,518	1,360	1,806,878
1921	4,156,402	388	4,156,790
1922	6,875,823	6,228	6,882,051
1923	8,280,418	15,564	8,295,982
1924	11,816,303	175,194	11,991,497
1925	9,096,358	123,311	9,219,669
1926	10,900,377	447,211	11,347,588
1927	8,616,464	173,470	8,789,934
1928	8,614,837	86,576	8,701,413
1929	8,419,100	69,439	8,488,539
1930	8,369,850	200,767	8,570,617
1931	8,329,152	200,451	8,529,603
1932	6,982,753	161,526	7,144,279
1933	7,899,188	356,622	8,255,810
1934	8,137,941	672,600	8,810,541
1935	9,475,551	767,368	10,242,919
1936	10,586,507	578,648	11,165,155
1937	11,736,412	598,733	12,335,145
1938	12,855,634	426,433	13,282,067
1939	16,519,291	487,221	17,006,512
1940	25,645,105	2,712,573	28,357,678
1941	17,766,370	5,048,893	22,815,263
1942	11,028,542	2,261,556	13,296,098
1943	5,401,897	330,388	5,732,285

資料來源：《台灣省五十一年來統計提要》（台北：台灣行政長官公署統計室，1946 年），頁 945、949。

由於香蕉產量以台中州居首，高雄、台南兩州次之，故青果同業組合亦最早誕生於台中州。[註64] 1914 年，台中的蕉商為避免惡性競爭，乃成立

[註64] 梶原通好，〈台灣の青果產業〉，《台灣經濟年報》昭和 18 年版（東京：國際日本協會，1943 年），頁 338。

「中部台灣果物移出仲買商組合」。次年，台中、員林兩地 27 名香蕉仲介商，將前述組合擴大改組爲「中部台灣青果物移出同業組合」，其推小畑駒三爲組合長，以櫻井芳之助、陳火炎爲副組合長。〔註 65〕1917 年，員林、北斗、東勢、台中的蕉農先後組成「香蕉生產販賣組合」，與「中部台灣青果物移出同業組合」激烈競爭，經三、四年之鬥爭，1921 年初，蕉商的銷貨組織終於獲勝，7 月，乃將原組織改組爲「台灣青果物同業組合」。其後，隨著香蕉貿易的熱絡，台灣總督府漸有意獨佔香蕉利益，同時，爲了安撫蕉農，1924 年，乃在台灣總督府的主導下，將「台灣青果物同業組合」擴大改組爲「台中州青果同業組合」，〔註 66〕並指定台中州內務部長爲組合長，並授予台中州知事指定副組合長、半數評議員的權力，國家力量正式介入青果同業組合系統。〔註 67〕

　　高雄州、台南州的香蕉業者，在「台灣青果物同業組合」的刺激下，在 1923 年，亦先後設了「高雄州青果同業組合」〔註 68〕、「台灣南部青果物同業組合」〔註 69〕。1925 年，三個青果同業組合同時掛上州名，並由各州的內務部長兼任組合長，勸業課長兼任常任副組合長，9 月，三州的青果同業組合又在嘉義公會堂，舉行「青果物同業組合聯合會」創立總會。〔註 70〕翌年 1 月，台灣總督府認可「台灣青果同業組合聯合會」的設置，〔註 71〕並任命台中州

〔註 65〕 鈴木常良編，《台灣商工便覽》（台中：台灣新聞社，1918 年），頁 170～171。

〔註 66〕 劉淑靚，《台日蕉貿網絡與台灣的經濟菁英（1945～1971）》（台北：稻香出版社，2001 年），頁 15～17。

〔註 67〕 大塚清賢編，《躍進台灣大觀》續篇 1939 年版（台北：成文出版社複印，1985 年），頁 222～223，台中州青果同業組合設立組合長 1 人，副組長 3 人，3 人中內有一名常任副組長，評議員 20 名、代議員 60 名，評、代議員半數公選、半數州知事指定。評議員會爲諮詢機關，代議員會則爲決議機關，職員自主事以下共 200 多人，配置在 30 多個檢查所。

〔註 68〕 根據大塚清賢編，《躍進台灣大觀》續篇 1939 年版（台北：成文出版社複印，1985 年），頁 224，該青果同業組合創於 1923 年，由高雄州勸業課長石井龍豬倡設，創立時組合員 330 多人，組長由高雄州內務部長飯田盛敏擔任，副組長由柏尾具包、韓哲鄉兩人出任。1926 年，改組，統一檢查制度及共同運銷。1932 年，再設立資本額 30 萬圓的高雄青果，作爲高雄州青果同業組合的代行機關，委託其仲介販售、融通資金。1935 年，由於台灣青果負責對外運銷，該高雄青果業業萎縮。1935 年時，該同業組合人數已有 12,821 人。

〔註 69〕 該同業組合以嘉義市爲中心，包羅斗六、新營兩郡的香蕉業者。

〔註 70〕 《（台灣經世新報社編）台灣大年表》復刻版（東京：綠蔭書房，1992 年），頁 149。

〔註 71〕 《（台灣總督府編）台灣日誌》復刻版（東京：綠蔭書房，1992 年），頁 68。

知事三浦碌郎爲聯合會的會長，[註72] 此後，以台中州知事兼任「青果同業組合聯合會」的會長成爲定例。至 1941 年時，台灣總督府爲實施一元統制，一方面在尙未設立青果同業組合的花蓮港廳、台東廳、台北州、新竹州，設立青果同業組合，另方面，亦改組青果同業組合聯合會，將會長提高層級，改由殖產局長兼任，特產課（或農務課）長兼任常任理事，各州廳青果同業組合的組合長，則由各州產業部長、廳長兼任，[註73] 完成全台青果同業組合系統的一元統制。

二、台灣青果會社的創設

台灣青果會社倡設於 1923 年底，當時日本內地的購蕉大盤商暗中聯手壓低蕉價，導致台地的仲介商人陷於窮困，仲介商人乃在次年 4 月籌設資本額 200 萬圓的台灣青果會社，打算跨過日本內地大盤商，直接進入日本市場銷貨。此一計畫引起日本內地大盤商的反對運動，其對農商務省施壓，使得台灣青果會社的設立暫告挫折。

稍後，台中州知事常吉德壽與台中州青果同業組合副組合長加藤龜進京，向農商務省交涉，但該省次官鶴見祐輔認爲台灣青果會社的設立，牴觸了《中央市場法》消費者與生產者應盡量接近的規定，遂以不可獨厚某一營利公司，徒增消費者的中間手續費爲由，加以否絕。

10 月，殖產局長喜多孝治、台中州內務部長本山文平再度進京，與農商務省磋商，恰巧內閣改組，民政黨上台，政策丕變。在農商務省的斡旋下，輔導日本內地大盤商設立荷受（收貨）組合，規定將來對香蕉運銷所抽取的 10% 手續費，荷受組合可得 7%，台灣青果會社僅得 3%，同時，亦保證日本內地大盤商可持有台灣青果會社 1／3 的股票，並可擔任台灣青果會社的董、監事。[註74] 在對內地大盤商種種妥協、保障利益後，12 月，乃召集日、台兩地重要蕉商，舉行發起人會議。1925 年 3 月，終於創立資本額 150 萬圓的台灣青果會社，台灣總督府選任前殖產局長高田元治郎爲董事長。[註75]

〔註72〕《（台灣總督府編）台灣日誌》復刻版（東京：綠陰書房，1992 年），頁 160。

〔註73〕梶原通好，〈台灣の青果產業〉，《台灣經濟年報》昭和 18 年版（東京：國際日本協會，1943 年），頁 341。

〔註74〕《台灣民報》第 195 號，1928 年 2 月 12 日，版 10。

〔註75〕大塚清賢編，《躍進台灣大觀》續篇 1939 年版（台北：成文出版社複印，1985 年），頁 225。

台灣青果會社成立後，台灣總督府、青果同業組合將全台香蕉的運輸及販售權，獨家委託給台灣青果會社，台灣青果會社遂成爲全台香蕉的統一運銷機關。

台灣青果會社爲了壟斷台蕉貿易的利益，亦不斷併購香蕉交易的相關機構。首先，其在 1926 年 7 月，即以 7 萬圓，收購台果利用組合，〔註76〕建立自身的運輸部門。〔註77〕其次，在 1933 年，又以 20 萬圓，收購下關的荷受（收貨）組合。隔年，再購併山岸幸太郎的台灣特產青果會社（資本額 7 萬圓）。〔註78〕1938 年，又設立資本額 10 萬圓的台灣青果加工會社，從事青果的加工、運銷。〔註79〕1941 年，爲了配合台灣青果一元化統制政策的實施，〔註80〕台灣青果會社更名爲台灣青果物統制會社，並增資爲 250 萬圓，擴大營業範圍。〔註81〕1942 年 2 月，台灣總督府又決議將各市場的青果業務也移轉給該公司〔註 82〕，使台灣青果物統制會社獨佔了台灣香蕉的運輸及銷售權。

三、退職官吏轉入青果同業組合、台灣青果會社

台灣總督府以完善販售制度、拓展銷售商路爲由，在 1924、1925 年先後建立了台灣青果會社、青果同業組合兩個系統，但這兩個系統卻被蕉農視爲助紂爲虐的中間剝削機關，台灣青果會社甚至被諷刺爲「台灣蕉界之癌」

〔註76〕 大園市藏，《台灣產業の批判》第壹卷（台北：台灣產業の批判社，1927 年），頁 337。

〔註77〕 《台灣民報》第 194 號，1928 年 2 月 5 日，版 10，在自由輸出時代，香蕉輸出業者常爲爭奪貨船、火車，發生各種弊端。1916 年 2 月，中部台灣青果物移出同業組合乃自設輸出組合，但弊病不斷，1917 年即自動解散。同年 5 月，部份業者另設台灣青果物運輸組，但稍後該運輸組又被台灣果物會社，台灣果物會社併吞運輸組後過份專橫，部份蕉商乃轉託台灣運輸產業會社運貨。不久，部份業者又另組一個輸出組合，但在台灣果物會社妨礙下瓦解。1919 年 7 月，又有業者設立果物運輸合資會社（資本額 10 萬圓），本來業務頗爲順利，但翌年青果同業組合因不滿該會社的運費契約，乃慫恿中間商人設立台果利用組合，從事香蕉運輸，同時，官方亦令香蕉由台果利用組合統一運輸。

〔註78〕 大塚清賢編，《躍進台灣大觀》續篇 1939 年版（台北：成文出版社複印，1985 年），頁 225。

〔註79〕 千草默仙，《會社銀行商工業者名鑑》，頁 235。

〔註80〕 《(台灣總督府編) 台灣日誌》復刻版，頁 301。

〔註81〕 竹本伊一郎，《台灣會社年鑑》1941 年版（台北：台北經濟研究會）。

〔註82〕 《(台灣總督府編) 台灣日誌》復刻版，頁 328。

〔註 83〕。爲何台人會有如此的反應，主要係因台灣總督府爲獨佔香蕉利益，並兼酬退職官吏，〔註 84〕乃大量安插退職官吏轉入這兩個系統，這種作爲不僅使得這兩個系統充斥濃厚的官僚氣息，更導致這兩個系統淪爲台、日兩地政治浪人的救濟機關〔註 85〕。

以青果同業組合言，各州青果同業組合的組合長，皆由該州的内務部長兼任，常任副組合長 82% 爲退職或現職的官員（參見表 4-2-3）；青果同業組合聯合會情況亦同，聯合會的會長慣例由台中州知事（1941 年後由殖產局長）兼任，三位副會長也都是由台中、高雄、台南三州的内務部長（1941 年後由特產課長或農務部長）兼任。

表 4-2-3：1928～1943 年台中、台南、高雄州青果同業組合及聯合會的幹部

年份	職　銜	台中州 青果同業組合	台南州 青果同業組合	高雄州 青果同業組合	青果同業 組合聯合會
1928	組合長	岩滿重（台中州内務部長）	豬股松之助（台南州内務部長）	赤堀鐵吉（高雄州内務部長）	佐藤續（台中州知事）
	副組合長	貝山好美（退官）	西村留吉（内地日商）	藤田品之（退官）	岩滿重（台中州内務部長）
		林垂拱	陳茂如	鍾幹郎	豬股松之助（台南州内務部長）
		蕭敦仁			赤堀鐵吉（高雄州内務部長）
1932	組合長	中田榮次郎（台中州内務部長）	川村直岡（台南州内務部長）	小林長彦（高雄州内務部長）	竹下豐次（台中州知事）

〔註 83〕《台灣新民報》第 250 號，1929 年 3 月 3 日，版 10。

〔註 84〕矢内原忠雄著、周憲文譯，《日本帝國主義下之台灣》（台北：帕米爾書店，1985 年），頁 56，台灣青果的章程即規定：會社董監事的選任及利益金的處分須得總督府的承認，可見台灣總督府想要獨佔香蕉出口的利益。

〔註 85〕《台灣實業界》昭和 7 年 5 月，言：每當總督交替，内地即有一批日本人入侵，台灣電力、台灣製腦、台灣製鹽、台灣青果會社成爲浪人的救濟機關。再如：《台灣實業界》昭和 11 年 10 月，言：豬股松之助新竹州知事退休後，原欲爭取台灣製鹽董事長，失敗後，乃轉任台灣青果常務監事；《台灣實業界》昭和 9 年 5 月，言：白勢黎吉以交通局總長退休後，企圖在台灣電力或台灣製鹽謀取高階職務，失敗後轉任台灣青果會社董事長，其由鐵道界轉進青果界，大出眾人的意料。

年	職				
	副組合長	小林五郎（退官、台地日商）	西村留吉（內地日商）	藤田品之（退官）	中田榮次郎（台中州內務部長）
		蕭敦仁	陳茂如	鍾幹郎	川村直岡（台南州內務部長）
					小林長彥（高雄州內務部長）
1934	組合長	中田榮次郎（台中州內務部長）	川村直岡（台南州內務部長）	小林長彥（高雄州內務部長）	竹下豐次（台中州知事）
	副組合長	小林五郎（退官、台地日商）	西村留吉（內地日商）	藤田品之（退官）	中田榮次郎（台中州內務部長）
		蕭敦仁	陳茂如	鍾幹郎	川村直岡（台南州內務部長）
					小林長彥（高雄州內務部長）
1935	組合長	平輝雄（台中州內務部長）	林田正治（台南州內務部長）	廣谷致員（高雄州內務部長）	日下辰太（台中州知事）
	副組合長	石井善次（退官）	西村留吉（內地日商）	淺野安吉（退官）	平輝雄（台中州內務部長）
		林垂拱	陳茂如	山岸幸太郎（台地日商）	林田正治（台南州內務部長）
		蕭敦仁		蕭恩卿	廣谷致員（高雄州內務部長）
1936	組合長	鶴友彥（台中州內務部長）	林田正治（台南州內務部長）	廣谷致員（高雄州內務部長）	日下辰太（台中州知事）
	副組合長	石井善次（退官）	西村留吉（內地日商）	淺野安吉（退官）	鶴友彥（台中州內務部長）
		林垂拱	陳茂如	山岸幸太郎（台地日商）	林田正治（台南州內務部長）
		蕭敦仁		蕭恩卿	廣谷致員（高雄州內務部長）
1937	組合長	佐治孝德（台中州內務部長）	鶴友彥（台南州內務部長）	高原逸人（高雄州內務部長）	松岡一衛（台中州知事）
	副組合長	今井昌治（退官）	森安朝清（台南州產業主事）	淺野安吉（退官）	佐治孝德（台中州內務部長）
		林垂拱	陳茂如	蕭恩卿	鶴友彥（台南州內務部長）

		蕭敦仁			高原逸人（高雄州內務部長）
					郡茂德（退官）
1938	組合長	佐治孝德（台中州內務部長）	鶴友彦（台南州內務部長）	高原逸人（高雄中州內務部長）	松岡一衛（台中州知事）
	副組合長	今井昌治（退官）	金子辰太郎（台南州地方課長）	淺野安吉（退官）	佐治孝德（台中州內務部長）
		林垂拱	鄭沙棠	蕭恩卿	鶴友彦（台南州內務部長）
		蕭敦仁			高原逸人（高雄州內務部長）
					郡茂德（退官）
1940	組合長	山岸金三郎（台中州內務部長）	鶴友彦（台南州內務部長）	江藤昌之（高雄州內務部長）	奧田達郎（台中州知事）
	副組合長	今井昌治（退官）	塚本一郎（台南州勸業課長）	淺野安吉（退官）	山岸金三郎（台中州內務部長）
		林垂拱	鄭沙棠	蕭恩卿	鶴友彦（台南州內務部長）
		田中一郎（台地日商）			江藤昌之（高雄州內務部長）
					郡茂德（退官）
1941	組合長	藤垣敬治（台中州產業部長）	鶴友彦（台南州產業部長）	星野力（高雄州產業部長）	石井龍豬（殖產局長）
	副組合長	今井昌治（退官）	塚本一郎（台南州勸業課長）	谷義廉（退官）	玉手亮一（殖產局特產課長）
		林垂拱	鄭沙棠	蕭恩卿	梶原通好（退官）
		田中一郎（台地日商）			元山春雄（退官）
1942	組合長	藤垣敬治（台中州產業部長）	鶴友彦（台南州產業部長）	星野力（高雄州產業部長）	石井龍豬（殖產局長）
	副組合長		寺本勤（台南州勸業課長）	谷義廉（退官）	松野孝一（殖產局特產課長）
	理事	田中一郎（台地日商）	梅里尚德（即鄭沙棠）	蕭恩卿	梶原通好（退官）
		林垂拱	森安朝清（退官）		鹽飽茂（退官）

		吉滿敬勝（台地日商）			
		赤松文德（台地台商）			
1943	組合長	中山堅吉（台中州產業部長）	鶴友彥（台南州產業部長）	島澤次郎（高雄州產業部長）	須田一二三（殖產局長）
	副組合長	小島猛（退官）	寺本勤（台南州勸業課長）	谷義廉（退官）	松野孝一（殖產局農務課長）
	理事	田中一郎（台地日商）	梅里尙德（即鄭沙棠）	蕭恩卿	梶原通好（退官）
		林垂拱	森安朝清（退官）		鹽飽茂（退官）
		吉滿敬勝（台地日商）			
		赤松文德（台地台商）			

資料來源：千草默仙編，《會社銀行商工業者名鑑》1928～1943年各版（台北：圖南協會）。

　　再以台灣青果會社言，歷任董事長都是由殖產局長決定空降的人選，〔註86〕首任董事長高田元治郎，以殖產局長之尊退職，轉任台灣青果會社董事長〔註87〕；第二任董事長村田俊彥，爲川村竹治總督四十年的好友，〔註88〕敕任官退職後，曾任東拓理事，再轉任台灣青果會社董事長；第三任董事長大竹勇雖然官界資歷較卑，但也是以澎湖廳長退休轉任；第四任董事長白勢黎吉，以交通局總長退職，並賴後藤文夫總務長官之力，登上台灣青果會社董事長寶座；第五任董事長本山文平爲民政黨木下信總務長官的嫡系，曾任台中州知事、警務局長、大分縣知事，最後以熊本縣知事退休，〔註89〕並倚內閣書記官長藤沼正平推薦，〔註90〕轉任台灣青果會社董事長。再者，曾任台灣青果會社的正、副董事長、專務董事、常任監事、董事、監事者，共計60人，其中，退職官員佔24人、內地日商14人、台地日商4人、台地台商17人、不詳者1人（參見表4-2-4），未直接出資本的官方竟可壟斷40%的機

〔註86〕《台灣實業界》昭和9年5月。
〔註87〕《台灣實業界》昭和11年10月。
〔註88〕《台灣民報》第236號，1928年12月25日，版2。
〔註89〕《台灣實業界》昭和11年10月。
〔註90〕《台灣實業界》昭和12年4月。

會，足見台灣青果會社官僚化程度之高。

表 4-2-4：1925～1942 年台灣青果會社領導階層的身份分析

年　次	職　　衝	姓　　名	身　　　　份
1925	董事長	高田元治郎	殖產局長退官
	專務董事	加藤龜	台中州青果同業組合副組合長
	董事	吉田吉兵衛	神戶日商
		淺井熊次郎	大阪日商
		百合野安夫	福岡日商
		櫻井芳之助	台地日商
		柏尾具包〔註91〕	海軍軍官退休、台地日商
		山岸初太郎	台地日商
		陳火炎	台地台商
		莊啓鏞	台地台商
		西村吉兵衛	東京日商
	常任監事	池田競〔註92〕	退官、台地日商
	監事	高田庄吉	下關日商
		上田岩吉	神戶日商
		謝清光	台地台商
		張芳印	台地台商
		劉弟祿	台地台商
		陳多	台地台商
1926	董事長	高田元治郎	殖產局長退官
	董事	吉田吉兵衛	神戶日商
		淺井熊次郎	大阪日商
		百合野安夫	福岡日商

〔註91〕根據《台灣實業界》昭和 7 年 4 月：柏尾具包，早大、日大畢業，曾任鹽糖、恆春製糖幹部，海軍主計上尉退休。

〔註92〕池田競，札幌農學校畢業，曾任農事試驗所囑託、帝國製糖幹部、新竹製糖董事。

		西村吉兵衛	東京日商
		柏尾具包	海軍軍官退休、台地日商
		林垂拱	台地台商
		黃春帆	台地台商
		邱阿玠	台地台商
		詹明樹	台地台商
	常任監事	池田競	退官、台地日商
	監事	高田庄吉	下關日商
		上田岩吉	神戶日商
		豐田俊五郎	內地日商
		林益興	台地台商
		邱樂才	台地台商
		蕭敦仁	台地台商
1927	董事長	高田元治郎	殖產局長退官
	副董事長	林垂拱	台地台商
	董事	吉田吉兵衛	神戶日商
		淺井熊次郎	大阪日商
		百合野安夫	下關日商
		西村吉兵衛	東京日商
		莊啓鏞	台地台商
		黃春帆	台地台商
		邱阿玠	台地台商
		詹明樹	台地台商
	常任監事	池田競	退官、台地日商
	監事	高田庄吉	下關日商
		上田岩吉	神戶日商
		蕭敦仁	台地台商
1928	董事長	高田元治郎	殖產局長退官
	董事	吉田吉兵衛	神戶日商
		淺井熊次郎	大阪日商

		百合野安夫	下關日商
		西村吉兵衛	東京日商
		藤田品之	退官
		林垂拱	台地台商
		黃春帆	台地台商
		蕭敦仁	台地台商
		詹明樹	台地台商
	常任監事	池田競	退官、台地日商
	監事	高田庄吉	下關日商
		上田岩吉	神戶日商
		小林五郎〔註93〕	退官、台地日商
		邱阿玠	台地台商
		邱興才	台地台商
1929	董事長	村田俊彥	前東拓理事
	董事	吉田吉兵衛	神戶日商
		淺井熊次郎	大阪日商
		百合野安夫	下關日商
		西村吉兵衛	東京日商
		藤田品之	退官
		西村留吉	台地日商
		林垂拱	台地台商
		黃春帆	台地台商
		蕭敦仁	台地台商
		詹明樹	台地台商
	常任監事	池田競	退官、台地日商
	監事	高田庄吉	下關日商
		上田岩吉	神戶日商
		小林五郎	退官、台地日商

〔註93〕根據《台灣實業界》昭和7年4月：小林五郎，1916年，東京帝大法科畢業，以殖產局囑託退官，曾任台中青果同業組合副組合長、中南運輸董事長。

		貝山好美〔註94〕	退官
		邱阿玠	台地台商
		邱興才	台地台商
1930	董事長	村田俊彥	前東拓理事
	董事	吉田吉兵衛	神戶日商
		淺井熊次郎	大阪日商
		白合野安夫	下關日商
		西村吉兵衛	東京日商
		藤田品之	退官
		西村留吉	台地日商
		林垂拱	台地台商
		黃春帆	台地台商
		蕭敦仁	台地台商
		詹明樹	台地台商
	常任監事	池田競	退官、台地日商
	監事	上田岩吉	神戶日商
		小林五郎	退官、台地日商
		渡木利平	曾文郡守退官
		山本友一	內地日商
		邱阿聰	台地台商
		邱興才	台地台商
1931	董事長	大竹勇〔註95〕	澎湖廳長退官
	專務董事	川島清〔註96〕	海軍中將之子
	董事	百合野安夫	下關日商
		西村吉兵衛	東京日商

〔註94〕根據《台灣實業界》昭和 15 年 7 月：貝山好美，曾任台北州產業主事、正米
市場理事、杉原產業常務理事、台中州青果同業組合副組合長。
〔註95〕根據《台灣實業界》昭和 7 年 4 月：大竹勇，1909 年，東京帝大畢業，曾任
法院判官、稅務官員、台南州內務部長、澎湖廳長退官。
〔註96〕根據《台灣實業界》昭和 7 年 4 月：川島清，1917 年，東京帝大法科畢業，
為川島海軍中將之子。

		林垂拱	台地台商
		黃春帆	台地台商
		鍾幹郎	台地台商
	常任監事	池田競	退官、台地日商
	監事	上田岩吉	神戶日商
		渡木利平	曾文郡守退官
1932	董事長	大竹勇	澎湖廳長退官
	副董事長	林垂拱	台地台商
	專務董事	川島清	海軍中將之子
	董事	百合野安夫	下關日商
		西村吉兵衛	東京日商
		黃春帆	台地台商
		鍾幹郎	台地台商
	常任監事	池田競	退官、台地日商
	監事	上田岩吉	神戶日商
		渡木利平	曾文郡守退官
1933	董事長	大竹勇	澎湖廳長退官
	副董事長	林垂拱	台地台商
	專務董事	川島清	海軍中將之子
	董事	百合野安夫	下關日商
		西村吉兵衛	東京日商
		黃春帆	台地台商
		鍾幹郎	台地台商
	常任監事	池田競	退官、台地日商
	監事	上田岩吉	神戶日商
1935	董事長	白勢黎吉	交通局總長退官
	副董事長	林垂拱	台地台商
	專務董事	川島清	海軍中將之子
	董事	百合野安夫	下關日商
		西村吉兵衛	東京日商

		池田競	退官、台地日商
		山岸幸太郎	台地日商
		黃春帆	台地台商
		鍾幹郎	台地台商
		蕭恩卿	台地台商
	常任監事	豬股松之助	新竹州知事退官
	監事	今井昌治〔註97〕	彰化市尹退官
		松原成好	內地日商
1936	董事長	本山文平	前警務局長、熊本縣知事
	副董事長	林垂拱	台地台商
	專務董事	川島清	海軍中將之子
	董事	百合野安夫	下關日商
		西村吉兵衛	東京日商
		池田競	退官、台地日商
		山岸幸太郎	台地日商
		黃春帆	台地台商
		鍾幹郎	台地台商
		蕭恩卿	台地台商
	常任監事	豬股松之助	新竹州知事退官
	監事	今井昌治	彰化市尹退官
		松原成好	內地日商
1937	董事長	本山文平	前警務局長、熊本縣知事
	副董事長	林垂拱	台地台商
	常務董事	川島清	海軍中將之子
		池田競	退官、台地日商
		豬股松之助	新竹州知事退官
	董事	百合野安夫	下關日商
		西村吉兵衛	東京日商

〔註97〕今井昌治，曾任台中州青果同業組合常任副組長、青果同業組合聯合會主
事。

		今井昌治	彰化市尹退官
		淺野安吉〔註98〕	花蓮廳長退官
		蕭恩卿	台地台商
	常任監事	福元岩吉	澎湖廳長退官
	監事	郡茂德〔註99〕	文教局學務課長退官
		堀部市左衛門	名古屋日商
		小股辰之助	兵庫日商
1938	董事長	本山文平	前警務局長、熊本縣知事
	副董事長	林垂拱	台地台商
	常務董事	川島清	海軍中將之子
		池田競	退官、台地日商
		豬股松之助	新竹州知事退官
	董事	百合野安夫	下關日商
		西村吉兵衛	東京日商
		今井昌治	彰化市尹退官
		淺野安吉	花蓮廳長退官
		蕭恩卿	台地台商
	常任監事	福元岩吉	澎湖廳長退官
	監事	郡茂德	文教局學務課長退官
		堀部市左衛門	名古屋日商
		小股辰之助	兵庫日商
	顧問	高橋直志	員林郡勸業主任退官
1939	董事長	本山文平	前警務局長、熊本縣知事
	副董事長	林垂拱	台地台商
	常務董事	川島清	海軍中將之子
		池田競	退官、台地日商

〔註98〕淺野安吉，曾任高雄州青果同業組合常任副組合長、高雄青果董事長。
〔註99〕根據《台灣實業界》昭和12年3月：郡茂德，曾任文教局學務課長，辭去審議室敕任官後，轉任台灣青果同業組合聯合會主事、副組長。

		董事	西村吉兵衛	東京日商
			今井昌治	彰化市尹退官
			淺野安吉	花蓮廳長退官
			中澤幾雄	台地日商
			蕭恩卿	台地台商
		常任監事	福元岩吉	澎湖廳長退官
		監事	郡茂德	文教局學務課長退官
			堀部市左衛門	名古屋日商
			小股辰之助	兵庫日商
		顧問	高橋直志	員林郡勸業主任退官
	1940	董事長	本山文平	前警務局長、熊本縣知事
		副董事長	林垂拱	台地台商
		常務董事	池田競	退官、台地日商
			本間善庫	台東廳長退官
		董事	西村吉兵衛	東京日商
			今井昌治	彰化市尹退官
			淺野安吉	花蓮廳長退官
			川上力松	大阪商人
			中澤幾雄	台地日商
			蕭恩卿	台地台商
		常任監事	福元岩吉	澎湖廳長退官
		監事	郡茂德	文教局學務課長退官
			堀部市左衛門	名古屋日商
			小股辰之助	兵庫日商
			菅野音三郎	福岡商人
		顧問	高橋直志	員林郡勸業主任退官
			川島清	海軍中將之子
	1941	董事長	本山文平	前警務局長、熊本縣知事
		副董事長	林垂拱	台地台商
		專務董事	池田競	退官、台地日商

	常務董事	本間善庫	台東廳長退官
		郡茂德	文教局學務課長退官
	董事	西村吉兵衛	東京日商
		今井昌治	彰化市尹退官
		谷義廉〔註100〕	屏東市尹退官
		川上力松	大阪商人
		中澤幾雄	台地日商
		蕭恩卿	台地台商
	常任監事	福元岩吉	澎湖廳長退官
	監事	梶原通好	退官
		堀部市左衛門	名古屋日商
		古西龜治郎	神戶商人
		菅野音三郎	福岡商人
	顧問	高橋直志	員林郡勸業主任退官
		川島清	海軍中將之子
1942	董事長	本山文平	前警務局長、熊本縣知事
	副董事長	池田競	退官、台地日商
	常務董事	今井昌治	彰化市尹退官
		元山春雄	總督府大樹鳳梨種苗養成所長退官
		中澤幾雄	台地日商
	董事	德永新治	退官
		谷義廉	屏東市尹退官
		輪湖清美〔註101〕	新竹州農事試驗場長退官
		小島猛〔註102〕	高雄市長退官
		川上力松	大阪商人
		林垂拱	台地台商
		蕭恩卿	台地台商

〔註100〕谷義廉，高雄州青果同業組合常任副組合長。
〔註101〕輪湖清美，曾任新竹州青果同業組合常任副組合長。
〔註102〕小島猛，曾任台中州青果同業組合常任副組合長。

常任監事	郡茂德	文教局學務課長退官
監事	福元岩吉	澎湖廳長退官
	梶原通好	退官
	堀部市左衛門	名古屋日商
	古西龜治郎	神戶商人
	菅野音三郎	福岡商人
顧問	本間善庫	台東廳長退官
	川島清	海軍中將之子
	西村吉兵衛	兵庫商人

資料來源：竹本伊一郎，《台灣會社年鑑》（台北：台灣經濟研究會）；千草默仙，《會社銀行商工業者名鑑》（台北：圖南協會）；杉浦和作，《台灣銀行會社錄》（台北：台灣實業興信所）相關各版。

四、移轉利益給台、日兩地之政商

擔任青果同業組合、台灣青果會社的幹部後，這些退職官員的薪俸頗豐，甚至還高過現職官員，以台灣青果會社為例，該公司的董事長，高田元治郎、村田俊彥因屬敕任官出身，所以都獲得了年俸 10,000 圓的優渥待遇，而台灣總督的年俸卻僅有 7,500 圓。〔註103〕其後，交通局總長轉任的白勢黎吉年俸為 6,000 圓，廳長出身的大竹勇也有 5,000 圓。〔註104〕再者，董事長還可領取巨額的旅費，高田元治郎一年就領取了 9,000 圓的差旅費，但一年才來台主持總會一次。〔註105〕此外，高田退職後，台灣青果會社還通過了給予 20,000 圓的慰勞金。〔註106〕

再言其他次要幹部，如：首任專務董事加藤龜（兼同業組合常任副組合長）年俸 4,200 圓，常任監事池田競也得 3,600 圓。〔註107〕《台灣民報》批評台灣青果會社 1927 年總支出 17.8 萬圓，已是千萬圓大公司支出的規模，其

〔註103〕黃昭堂著，黃英哲譯，《台灣總督府》（台北：自由時代出版社，1989 年），頁 208。
〔註104〕《台灣民報》第 195 號，1928 年 2 月 12 日，版 10；《台灣實業界》昭和 11 年 10 月。
〔註105〕《台灣民報》第 123 號，1926 年 9 月 19 日；《台灣民報》第 223 號，1928 年 8 月 26 日，版 2。
〔註106〕《台灣民報》第 250 號，1929 年 3 月 3 日，版 10。
〔註107〕《台灣民報》第 195 號，1928 年 2 月 12 日。

中，職員賞金即高達 18,000 圓，機密費亦有萬餘圓。〔註 108〕綜上可知，台灣青果會社濫用公司經費，以高額的薪俸、差旅費、賞金照顧退職官員的利益，成為退職官員享福的樂園。

台人辛勤栽種香蕉的利得，不僅拿來照顧退職官員，亦分配給日人經營的輪船公司、專屬運送店及鐵道部。《台灣新民報》指出：1929 年台灣香蕉輸出總金額為 1,101.8 萬圓，但運輸費支出即高達 315.5 萬圓，即佔總收入的 29%。1930 年情況更為惡化，香蕉輸出總金額為 857.1 萬圓，運輸費支出為 359.7 萬圓，高佔總收入的 42%。〔註 109〕《台灣新民報》估計不到 150 萬圓的運費，青果同業組合、台灣青果會社卻付給了大阪商船、日本郵船高達 300 萬圓的運費，何以致此，實因青果同業組合、台灣青果會社的幹部勾結輪船公司、鐵路部抬高費用所致。〔註 110〕

《台灣新民報》言：香蕉雖屬易腐品較難運送，但每籠運費高達 1.2～1.4 圓，比起砂糖運費昂貴甚多。〔註 111〕然何故如斯，這是因為砂糖多為日人製糖公司所生產，因此給予較優惠的運費，但香蕉多為台人所栽種，故刻意哄抬運費可將台人辛苦所得移轉給輪船公司、鐵路部。當時白勢黎吉以交通局總長退官，轉任台灣青果會社董事長，由鐵路界轉入青果界，出乎眾人意料，其實說穿了即是為了方便照顧鐵路部員工的利益。當然船運公司、鐵路部亦會投桃報李，在青果同業組合、台灣青果會社幹部出差日本時，輪船公司、鐵路部通常都會給予幾近免費的船票、車票，並使其享受一等客人的待遇，這些幹部出差返台後，又可向青果同業組合、台灣青果會社領取高額的差旅費，謀取暴利〔註 112〕。

另外，青果同業組合、台灣青果會社也與專屬運輸店相互勾串，以台中州青果同業組合為例，中南運輸的董事長小林五郎，即為該組合的副組合長，中南運輸的監事西村榮二，亦為該組合的主事，中南運輸的經理，竟為該組合的前任輸送係主任，中南運輸與青果同業組合幹部重疊，使得中南運輸囊括了許多路線的運送權。〔註 113〕

〔註 108〕《台灣民報》第 199 號，1928 年 3 月 11 日，版 11。
〔註 109〕《台灣新民報》第 385 號，1931 年 10 月 10 日，版 12。
〔註 110〕《台灣新民報》第 389 號，1931 年 11 月 7 日，版 12。
〔註 111〕《台灣民報》第 130 號，1926 年 11 月 7 日。
〔註 112〕《台灣新民報》第 389 號，1931 年 11 月 7 日，版 12。
〔註 113〕《台灣新民報》第 385 號，1931 年 10 月 10 日，版 14。

　　台人生產香蕉的利益，除被退職官員、輪船公司、鐵路部、專屬運送店所分食外，尚為台、日兩地的仲介商人所剝削。自從台灣總督府建立青果同業組合、台灣青果會社兩個系統後，台蕉的銷售流程變為：生產者→青果同業組合→台灣青果會社→荷受組合→糶市→內地大盤商→零售商→消費者。在此銷售過程中，台灣青果會社、荷受（收貨）組合不僅為無用之物，而且時常聯手作弊壓低價格〔註114〕。

　　如前所述，當初台灣青果會社為了化解日本內地仲介商人、大盤商的反對，能夠獲准設立，曾對日本內地仲介商、大盤商作出許多讓步，如：保證日本仲介商、大盤商可以持有台灣青果會社 1／3 的股票。其後日本內地仲介商、大盤商雖未持滿 10,000 股，但固定持有 6,000 股，〔註115〕而且，由於股權較為集中，故反較台地獲得更多席次的董、監事，以 1925～1930 年為例，台地台商掌握 6 席，台地日商獲得 5 席，內地日商則控有 6 席（參見表4-2-4），超過 1／3 席次，對重要議案握有否決權。

　　更嚴重的是，這些日本內地的仲介商、大盤商，在政府的輔導下，於東京、大阪、橫濱、神戶、門司、下關等地設立荷受（收貨）組合。理論上，台灣青果會社所代表的是生產者的利益，荷受組合則代表仲介商人的利益，台灣青果會社、荷受組合應聯手起來，向日本內地大盤商交涉，抬高香蕉的價格。但因日本內地大盤商的力量，既伸入荷受組合，亦擔任台灣青果會社的董、監事，反使大盤商與荷受組合、台灣青果會社勾串在一起，三者聯手作弊壓低香蕉價格，為台、日兩地的日人仲介商、大盤商謀取暴利。

　　在此狀況下，蕉農的利益蒙受犧牲，在台灣青果會社尚未設立前，扣除包裝費、運費，蕉農每籠香蕉還可獲利 4.5 圓，但自台灣青果會社成立後，蕉價不升反跌，每籠的利潤亦只剩 2.25 圓。〔註116〕蕉價的下跌，除與生產過剩、日本青果競爭有關外，更重要的是，台灣青果會社的糶手，被荷受組合的仲介商人所收買，台灣青果會社的糶手在低價時，即將香蕉售出，將利益移轉給日本內地仲介商人、大盤商。〔註117〕

〔註114〕《台灣民報》第 117 號，1926 年 8 月 8 日。
〔註115〕大塚清賢編，《躍進台灣大觀》續篇 1937 年版（台北：成文出版社複印，1985年），台灣青果會社資本額 150 萬圓，總股數 30,000 股，日本內地持有 6,000股，台中方面持有 17,000 股，高雄、台南各持有 3,500 股。
〔註116〕《台灣民報》第 196 號，1928 年 2 月 19 日，版 10。
〔註117〕參見《台灣民報》第 130 號，1926 年 11 月 7 日；《台灣民報》第 247 號，1929

綜言之，台、日兩地的日人仲介商人、大盤商藉著台灣青果會社可以獲得四重利益：第一、買賣上的利益，他們在糶市作弊壓低蕉價，謀取暴利；第二、公司的分紅，台灣青果會社的年分紅率，不論如何不景氣，從未低於12%〔註118〕；第三、手續費的利得，在還未設立荷受組合前，約可得5%，如前所述，在政府的保證下，荷受組合設立後，反可得 7%的手續費〔註119〕；第四、台果利用組合被併購時，台灣青果會社曾保證會以特別會計，退還蕉農部份運費及獲利，此一利益估計每年約有 7～8 萬圓，但台灣青果會社成立後，卻食言未退。〔註120〕

五、台人蕉農的反撲與失敗

在種種不合理的剝削下，蕉農曾經反撲。1925 年夏天，員林地區一群小蕉農，未經台灣青果會社之手，共同向基隆裝載了二千多籠的香蕉，但台灣總督府卻制止大阪商船會社載運，使得香蕉置於碼頭任其腐爛。〔註 121〕此後，在《台灣民報》的鼓吹下，引發台中州青果同業組合台人評議員、代議員的抗議，開始向台中州政府、台灣總督府發起運動，請求將台灣青果會社的獨家運輸權，還給青果同業組合。但獨家販售權及運輸權為台灣青果會社獲利的兩大支柱，故台灣青果會社堅決反對，台灣青果會社的幹部並獲得該公司催生者本山文平警務局長的強力支持，在此情況下，暫時受挫。

然 1928 年時，情勢轉變，首先，由於發生朝鮮青年趙河明刺殺久邇宮的「台中不祥事件」，本山文平警務局長、佐藤續台中州知事引咎辭職，台灣青果會社的政治靠山始垮台。同時，由於日本內閣更迭，政友會川村總督上台，不僅安排好友村田俊彥進入台灣青果會社擔任董事長，台中州知事也換成政友會的生駒高常，於是台灣總督府開始檢討民政黨本山文平的政策。〔註 122〕此時，台中州青果同業組合在同情蕉農的副組合長貝山好美帶領下，向總督府一再請願，〔註 123〕終於獲得內田隆殖產局長的首肯，在 1928 年 9

年 2 月 10 日，版 3。
〔註118〕《台灣民報》第 223 號，1928 年 8 月 26 日，版 2。
〔註119〕《台灣民報》第 3 卷第 5 號，1925 年 2 月 11 日。
〔註120〕參見《台灣民報》第 146 號，1927 年 2 月 27 日；《台灣民報》第 155 號，1927 年 5 月 1 日。《台灣民報》第 222 號，1928 年 8 月 19 日，版 10。
〔註121〕《台灣民報》第 65 號，1925 年 8 月 16 日。
〔註122〕《台灣民報》第 229 號，1928 年 10 月 7 日，版 3。
〔註123〕《台灣民報》第 223 號，1928 年 8 月 26 日，版 2。

月，川村總督下令台灣青果會社將香蕉的輸送權移轉給青果同業組合聯合會。〔註124〕

　　台蕉運輸還給青果同業組合聯合會的政策沿續到1937年，情況又有所轉變，此時，台灣總督府為了加強戰時經濟統制，加上，前述力主台灣青果會社應握有台蕉運輸權的本山文平，獲得政治奧援，返台擔任台灣青果會社董事長，在本山等人的爭取下，台灣總督府又將台蕉的運輸權，由青果同業組合聯合會交給台灣青果會社，〔註125〕台人蕉農的利益又受嚴重剝削。1941年，台灣總督府進一步實施台灣青果一元化統制政策，不僅將台灣青果會社改組為統制會社，亦擴大管制範圍。1942年2月，台灣總督府又決議將各市場的青果業務，交付台灣青果物統制會社，蕉農幾乎無緣置喙台灣香蕉的運輸及銷售權，權益受到嚴重的剝削。

第三節　退官網絡與台灣企業界
——以500位退職官吏轉入台灣商界為例

　　本文在前節中，以台灣青果會社、青果同業組合為例，從個案的角度，討論了台灣總督府如何在既有的交易秩序中，另創贅餘的官控會社及組合，並大量安插日人退職官吏進入其中，不僅照顧了退職官吏的生活，亦可剝削香蕉的利益，本節將再從整體的角度，泛論退職官吏轉入商界發展的原因及概況。

　　其實，日治時期退職官吏轉進商界蔚然成風，當時的報章雜誌即已注意，並曾多次報導，以《台灣實業界》為例，該誌在1937年3月號中，曾以〈敕任官在民間〉為題，報導了台灣電力董事長松木幹一郎（曾任東京市復興局部長）等十多位敕任官，轉入企業界的情形〔註126〕；1940年7月號，又以〈官界轉入實業界的人們〉為題，報導了明治製糖董事長相馬半治（曾任糖務局高級技師）等二十多位退職官吏，在企業界飛黃騰達的狀況〔註127〕；1941年10月號，再以〈官吏出身之社長何其多〉為題，報導本山文平（曾任台灣總督府警務局長）等退職高官，壟斷台灣青果等多家企業董事長之位的

〔註124〕《（台灣總督府編）台灣日誌》復刻版（東京：綠蔭書房，1992年），頁172。
〔註125〕《台灣實業界》昭和12年4月。
〔註126〕參見《台灣實業界》昭和12年3月號。
〔註127〕參見《台灣實業界》昭和15年7月號。

現象。〔註128〕由上述報導可知，日人官吏退休後轉赴企業界任職，在日治時期實相當普遍，他們或賴政府安插，或相互援引，在台灣企業界形成一個特殊的「退官網絡」，更重要的是，由於他們曾爲官場的一員，相互之間存有同僚的情誼，同時，在政府中尚有昔日的僚屬，故殖民政府不僅可透過此一網絡宣達政令、控制產業，亦常利用其溝通上下、整合官民的意志。

　　爲進一步探究退職官吏一窩蜂轉進商界的現象，本文蒐羅各類人名鑑、實業雜誌之記載，一共獲得 500 個退職官吏轉入商界發展的事例，本文此處所蒐集者，僅指自台灣官場退休者，並不包括在日本內地退職者，茲先將其概況列成表 4-3-1。

表 4-3-1：日治時期日人退職官吏轉入商界的概況

姓　　名	官　　品	官界最後職銜	商界職銜	資料	類別
石原幸作	勳五等	專賣局官吏	台灣日日新報經理	A	1A
井村大吉		總督府通信局長	台灣日日新報專董	G	1A
三村三平	從四位勳四等	台中廳長	台灣製腦專董	E	1A
河村徹	從六位	總督府民政部通信局監理課長	台灣製腦常董	L	1A
花香伯貢		專賣局台南支局長	台灣製腦經理	J	1A
川畑芳太郎		阿猴警視	台灣製腦出張所長	E	1A
中山秀之		總督府殖產局囑託	台灣製鹽專董	G	1A
大津山周造		台北州稅務課長	台灣製鹽經理	J	1A
出澤鬼久太	正六位勳六等	專賣局台中支局長	台灣製鹽經理兼董事	M	1A
菱村彥十郎	正六位勳六等	總督府財務局主計課長代理	台灣電力主事	L	1A
池田競		農事試驗所囑託	台灣青果常董	L	1A
豬股松之助	從四等勳五等	新竹州知事	台灣青果常董	L	1A
元山春雄	正五位勳六等	總督府大樹鳳梨種苗養成所所長	台灣青果常董	M	1A
本間善庫		台東廳長	台灣青果常董	N	1A

〔註128〕參見《台灣實業界》昭和 16 年 10 月號。

川口長助	勳七等	高雄州文書課、勸業課員	高雄青果經理	L	1A
小濱淨礦	從四位勳三等	台灣總督府內務局長	台灣合同鳳梨專董	L	1A
山瀨肇	勳六等	陸軍通譯官	台灣銀行支店課長	L	1A
瀨谷房之助		總督府官吏	台灣銀行出張所長	D	1A
青木正元		總督府土地調查局監督官	台灣銀行勸業係長	A	1A
日下辰太	正四位勳三等	台中州知事	台灣拓殖常務理事	LM	1A
石井龍豬	正四位勳三等	總督府殖產局長	台灣拓殖常務理事	M	1A
土肥慶太郎	正六位勳五等	總督府技師	台灣拓殖土地課長	L	1A
桑原政夫	正六位勳五等	基隆市尹	台灣拓殖文書課長	LK	1A
川副龍雄	正五位勳五等	總督府官房審議室事務官	台灣拓殖經理課長	L	1A
三上信人		總督府理事官	台灣拓殖調度課長	M	1A
牟田邦基	正五位勳五等	總督府財務局稅務課官吏	台灣拓殖工場長	M	1A
森萬吉		嘉南大圳理事	台灣拓殖支店長	L	1A
山田拍採	從四位勳四等	總督府殖產局農務課技師	台灣棉花專董	L	1A
古澤勝之	從六位勳六等	台南市尹	福大公司經理	M	1A
瓦林實	從七位勳七等	高雄警察署長	高雄州自動車運輸專董	M	1A
岩田此一	正六位勳六等	台北北警察署長	台灣茶輸移出統制常董	M	1A
郡茂德	從四位勳四等	新竹州內務部長	台灣野蠶專董	M	1A
渡邊林一		新竹州警務部保安課長	新竹州自動車運輸專董	M	1A
稅所重雄	從七位勳七等	專賣局技師	台灣酒罈統制專董	M	1A
櫻木衣熊	從七位勳六等	屏東稅務出張所直稅股長	大寮信用組合常務理事	M	1A
石井善次	正六位勳六等	員林郡守	台中州青果同業組合常任副組長	M	1A
西川善三郎		地方理事官	台南建築利用組合常務理事	J	1A
伊東增雄	從六位勳六等	台北北警察署長	台灣清涼飲料水工業組合主事	M	1A

河野十郎		新莊郡守	台灣製冰同業組合主事	J	1A
今井佐一郎	從七位勳八等	高雄市庶務課長	高雄商業倉庫組合專務理事	M	1A
林藤二	從七位	陸軍中尉	基隆信用組合常務理事	L	1A
橫矢秀南		台中州雇	基隆倉庫信用組合專務理事	M	1A
桑原佐一郎		新竹廳官吏	新竹信用組合專務理事	H	1A
庄野橘太郎	正七位勳七等	嘉義市囑託	嘉義商共信用組合主事	M	1A
吉田次六	勳八等	彰化市勸業課長	彰化信用利用組合常務理事	M	1A
中瀨拙夫	正四位勳三等	總督府殖產局長	糖業聯合會常務理事	M	1A
山本實		高雄州官吏	高雄州青果同業組合出張所長	L	1A
石坂莊作	勳八等	軍官	台灣日日新報社員	L	1B
今井周三郎		總督府工事部事務官	台灣日日新報董事長	E	1B
木下新三郎		總督府人事課長兼文書課長	台灣日日新報董事長	C	1B
今川淵	從四位勳三等	總督府專賣局長	台灣石炭董事長	M	1B
西澤義徵	正五位勳四等	高雄州知事	台灣合同鳳梨常任監事	L	1B
伊藤武		屏東稅務出張所所長	台灣拓殖參事	M	1B
長谷場純熊	從六位勳六等	台北州稅務課長	台灣拓殖參事	M	1B
戶畑龍雄		總督府官吏	台灣拓殖參事	M	1B
高木秀雄	從六位勳六等	屏東市尹	台灣拓殖參事	M	1B
清水俊		總督府林務局官吏	台灣拓殖副參事	M	1B
石塚正吉		高雄州官吏	台灣拓殖副參事	M	1B
松井三省		總督府地方理事官	台灣拓殖副參事	M	1B
前田稔		督府總務部地方課長	台灣拓殖副參事	M	1B
坂井春太		總督府雇	台灣拓殖書記	M	1B
高田元治郎		殖產局長	台灣青果董事長	N	1B
白勢黎吉	正四位勳三等	總督府交通總長	台灣青果董事長	M	1B
大竹勇		澎湖廳長	台灣青果董事長	N	1B

本山文平	從四位勳三等	台中州知事	台灣青果董事長	L	1B
小島猛	正六位勳五等	高雄市尹	台灣青果董事	M	1B
谷義廉	正六位勳五等	屏東市尹	台灣青果董事	M	1B
柏尾具包		海軍主計上尉	台灣青果董事	N	1B
德永新治		退職官吏	台灣青果董事	N	1B
輪湖清美		新竹州農事試驗場長	台灣青果董事	M	1B
藤田品之		退職官吏	台灣青果董事	N	1B
淺野安吉	從四位勳五等	花蓮港廳長	台灣青果董事	L	1B
福元岩吉	從四位勳四等	澎湖廳長	台灣青果常任監事	L	1B
小林五郎		總督府殖產局囑託	台灣青果監事	N	1B
今井昌治	正五位勳五等	彰化市尹	台灣青果監事	L	1B
貝山好美		台北州產業主事	台灣青果監事	I	1B
渡木利平		曾文郡守	台灣青果監事	N	1B
梶原通好		退職官吏	台灣青果監事	N	1B
高橋直志		員林郡勸業主任	台灣青果顧問	L	1B
高木友枝		總督府研究所長	台灣電力董事長	G	1B
松本虎太	正三位勳二等	總督府道路港灣課長	台灣電力董事長	M	1B
角源泉		總督府土木局長	台灣電力副董事長	N	1B
田端幸三郎	正四位勳三等	總督府殖產局長	台灣電力副董事長	M	1B
下村秀一		總督府作業所技手	台灣電力理事	M	1B
大越大藏		總督府作業所電氣課長	台灣電力理事	N	1B
國弘長重		總督府作業所台南出張所長	台灣電力理事	M	1B
宇賀四郎		專賣局長	台灣電力理事	J	1B
松尾秀雄		總督府作業所技手	台灣電力理事	M	1B
南政吉		嘉義財務課長	台灣電力理事	N	1B
能澤外茂吉	正五位勳四等	總督府官房文書課長	台灣電力理事	L	1B
野口敏治	正四位勳三等	台北州知事	台灣電力理事	L	1B
宮木廣大		台南州知事	台灣電力理事	L	1B
水越幸一		台中州知事	台灣電力囑託	N	1B

瀧口重男	從六位勳六等	總督府通信官吏	台灣電力書記	M	1B
山口巖		總督府營林局官吏	台灣製腦社員	K	1B
野間常彥		專賣局書記	台灣製腦社員	E	1B
津田毅一	從四位勳四等	嘉義廳長	台灣製鹽董事長	L	1B
荒卷鐵之助	正五位勳四等	台南市尹	台灣製鹽董事長	I	1B
梅崎貴一		台南廳雇	台灣製鹽社員	L	1B
田邊米二郎		總督府官吏	台灣銀行台中支店長	A	1B
林田正治	從五位勳六等	新竹州知事	新竹州自動車運輸董事長	M	1B
高橋秀人	從四位勳五等	總督府官房審議室官吏	台中州自動車運輸董事長	M	1B
三輪幸助		台北州知事	台灣產業組合聯合會副會長	M	1B
後藤學而		總督府林野調查課官吏	台中州青果同業組合囑託	L	1B
山下末之武	從六位勳六等	大湖郡守	台北住宅信用組合理事	M	1B
井上大作	從七位勳六等	台灣守備隊步兵中尉	台北信用組合幹部	J	1B
恆吉儔	從六位勳六等	鐵道部運輸客貨物股長	台灣運輸業組合理事	M	1B
莊村鹿吉		鐵道部基隆驛長	台灣運輸業組合理事	J	1B
重藤幹一	正七位勳六等	宜蘭街長	宜蘭建築信用購買利用組合長	M	1B
今澤正秋	正六位勳五等	台東廳警務課長	城南信用組合長	M	1B
松尾繁治	正六位勳五等	高雄市尹	高雄信用組合長	M	1B
山內小藤二	從六位勳六等	宜蘭廳警視	基隆庶民信用組合副組合長	L	1B
鳥井勝治	正五位勳五等	台北州調停課長	淡水建築信用購買利用販賣組合長	L	1B
山口一郎	從七位勳八等	鹿港街長	鹿港庶民信用組合長	L	1B
佐伯留雄		麻豆郵便局長	麻豆信用組合書記	F	1B
藤木親壽	從七位勳七等	總督府地方警視	新竹州米穀同業組合理事	M	1B
清水源次郎	正七位勳七等	桃園廳警務課長	新竹州信用組合理事	L J	1B

坂田吉三		總督府自動車課長	新竹藺草購買販售組合長	M	1B
山下一馬	從七位	陸軍中尉	楠梓信用組合長	M	1B
早川義直		嘉義廳官吏	嘉義信用組合長	I J	1B
高松清彥		高雄州技手	嘉義信用組合囑託	M	1B
山下盛文		彰化庶務課長兼勸業課長	彰化商工庶民信用組合長	M	1B
瀧野讓治	正七位	嘉義市勸業課長	糖業聯合會台灣支部書記長	L	1B
小辻宇吉	勳八等	蘇澳庄長	蘇澳信用組合長	M	1B
伊藤鎭三	正六位勳六等	新營郡庶務課長	鹽水港信用組合理事	M	1B
內田勤三		專賣局屬	官煙批發商	E	2
友松寅次郎		總督府國語學校教官	官煙批發商	E	2
本田正巳		打狗支廳長	官煙批發商	E	2
有泉朝次郎	從六位勳六等	總督府通譯	官煙批發商	E	2
帖佐武次郎		總督府官吏	官煙批發商	E	2
河田利之助		阿猴廳官吏	官煙批發商	E	2
金子恒彌		南投廳事務官	官煙批發商	E	2
奧井魁太郎		專賣局官吏	官煙批發商	E	2
鷲頭信恭		警部	官煙批發商	E	2
土方雄志		專賣局屬	食鹽專賣批發商	A	2
小林三次郎		公學校長	食鹽專賣批發商	J	2
加藤牛藏	勳六等	醫學校專門學校教授	食鹽專賣批發商	M	2
佐藤房吉	正五位勳四等	彰化市尹	食鹽專賣批發商	M	2
角儀太郎		稅關鑑定官	食鹽專賣批發商	H	2
朝倉欽次		專賣局嘉義支局長	食鹽專賣批發商	M	2
渡邊剛		台南地方法院嘉義支部書記	食鹽專賣批發商	M	2
須田義次郎	從五位勳六等	台灣水產試驗所長	食鹽專賣批發商	L	2
新垣輝盛		專賣局鹿港出張所長	食鹽專賣批發商	M	2
熊谷治三郎	從七位	台北州地方理事官	食鹽專賣批發商	L	2

二宮實太郎		專賣局官吏	酒類專賣批發商	E	2
牛島菊之助	從七位	專賣局技師	酒類專賣批發商	M	2
古藤誠助	正六位勳五等	東勢郡守	酒類專賣批發商	K	2
平井順次郎		巡查	酒類專賣批發商	M	2
西澤金次郎	勳八等	專賣局基隆出張所長	酒類專賣批發商	H	2
西澤時藏	從六位勳六等	鳳山郡守	酒類專賣批發商	L	2
佐藤由松		北斗郡守	酒類專賣批發商	K	2
折尾德慧	從七位	專賣局副參事	酒類專賣批發商	L	2
村上貞吉		稅務官吏	酒類專賣批發商	L	2
岡田進一良		專賣局書記	酒類專賣批發商	K	2
松平兼三郎	勳七等	東勢庄長	酒類專賣批發商	LM	2
長眞豐		台中廳巡查	酒類專賣批發商	M	2
雨谷信雄		專賣局宜蘭出張所工場主任	酒類專賣批發商	M	2
青木堯		專賣局書記	酒類專賣批發商	M	2
青松熾		潮州郡守	酒類專賣批發商	M	2
前島知德	正七位勳五等	專賣局屏東支局長	酒類專賣批發商	K	2
宮崎末彥	正七位勳六等	花蓮港廳街長	酒類專賣批發商	L	2
宮野爲長	正六位勳六等	桃園郡守	酒類專賣批發商	M	2
高橋盛三郎	勳八等	專賣局澎湖出張所長	酒類專賣批發商	M	2
崎原當好		專賣局台北酒場職員	酒類專賣批發商	M	2
梅田利邦	從六位勳六等	嘉義稅務出張所所長	酒類專賣批發商	M	2
野口穎宗	正七位勳七等	專賣局副參事	酒類專賣批發商	M	2
渡邊國廣		專賣局書記	酒類專賣批發商	M	2
道山保	從六位勳六等	署長	酒類專賣批發商	K	2
鈴木豐茂		高雄市衛生課長	酒類專賣批發商	M	2
與奈原良哲		專賣局嘉義出張所員	酒類專賣批發商	M	2
豬股胞治	從七位勳八等	專賣局書記	酒類專賣批發商	M	2
鹽田松熊		專賣局官吏	酒類專賣批發商	M	2
下須榮次郎		專賣局副參事	專賣品批發商	M	2

久松富之助		專賣局書記	專賣品批發商	M	2
大久保福松		專賣局安平出張所官吏	專賣品批發商	M	2
中西潔		台中州產業主事	專賣品批發商	M	2
田中賢三		嘉義郡守	專賣品批發商	M	2
石神三郎		專賣局書記	專賣品批發商	M	2
伊東俊雄		監獄舍監	專賣品批發商	M	2
伊藤良藏		枋寮庄長	專賣品批發商	M	2
吉田春彥		台南高等工業學校書記	專賣品批發商	M	2
谷壽夫		台北州立工業學校教諭	專賣品批發商	M	2
松島哲男		台南州文書股長	專賣品批發商	M	2
垣田林左衛門		大湖郡守	專賣品批發商	M	2
星村七郎		總督府地方理事官	專賣品批發商	M	2
宮川法船		澎湖廳稅務課長	專賣品批發商	M	2
野村楢次		專賣局事務官	專賣品批發商	E	2
惠濃武夫		總督府地方理事官	專賣品批發商	M	2
塚本信弘		專賣局台東出張所長	專賣品批發商	M	2
新家留治郎		專賣局書記	專賣品批發商	M	2
熊井才吉	正六位勳五等	豐原郡守	專賣品批發商	M	2
蒲地佐介		專賣局書記	專賣品批發商	M	2
鎬亥之吉	正六位勳六等	台東廳警務課長	專賣品批發商	M	2
二瓶源五	正五位勳三等	陸軍中校	煙草專賣批發商	L	2
久米川甚四郎		高雄州保安課長	煙草專賣批發商	M	2
千葉豐治	正六位勳六等	總督府高等官	煙草專賣批發商	L	2
大田乙松	從七位勳八等	專賣局技師	煙草專賣批發商	M	2
小村乙五郎	從六位勳六等	台中州調停課長	煙草專賣批發商	L	2
小島仁三郎	正六位勳五等	宜蘭街長	煙草專賣批發商	J	2
小鎬留三郎	勳八等	專賣局台東出張所長	煙草專賣批發商	M	2
山口德治		警視	煙草專賣批發商	O	2
山本利涉		台南郵便局長	煙草專賣批發商	D	2
山本新太郎		警視	煙草專賣批發商	O	2

山田一藏		鐵道部屬	煙草專賣批發商	O	2
川村輝一		專賣局腦務課屬	煙草專賣批發商	O	2
中山信輝		嘉義廳庶務課長	煙草專賣批發商	O	2
中村壽太郎		台南庶務課長	煙草專賣批發商	O	2
井上甚作		專賣局屬	煙草專賣批發商	O	2
井上敏雄		專賣局煙草課屬	煙草專賣批發商	O	2
五十嵐喜一郎		支廳長	煙草專賣批發商	J	2
古賀彌太郎	從七位勳七等	宜蘭郡警察課長	煙草專賣批發商	M	2
本山直枝	從六位勳六等	台中州高等官	煙草專賣批發商	L	2
本田好夫		專賣局書記	煙草專賣批發商	M	2
生野豬六		台北北警察署長	煙草專賣批發商	O	2
石山丹吾		支廳長、街長	煙草專賣批發商	O	2
吉良一義		專賣局酒課員	煙草專賣批發商	L	2
吉武躋		專賣局官吏	煙草專賣批發商	M	2
安本善助		專賣局屬	煙草專賣批發商	O	2
成澤孝作		潮州支廳長	煙草專賣批發商	O	2
西村義助		總督府研究所書記	煙草專賣批發商	M	2
杉山秀		專賣局庶務課屬	煙草專賣批發商	O	2
谷國三郎	正七位勳七等	專賣局樟腦生產股長	煙草專賣批發商	M	2
岡本賢一	從六位勳六等	專賣局技師	煙草專賣批發商	L	2
武田駒吉	從五位	淡水街長	煙草專賣批發商	MK	2
長谷八太郎		總督府學務課屬	煙草專賣批發商	O	2
長谷川直吉		海山郡守	煙草專賣批發商	H	2
城戶彥市		潮州郡守	煙草專賣批發商	K	2
秋山滿之助		台南州調停官	煙草專賣批發商	O	2
首藤章	正六位勳五等	桃園郡守	煙草專賣批發商	K	2
宮尾邦太郎		澎湖廳警務課長	煙草專賣批發商	O	2
宮崎輝雄	從七位勳八等	專賣局基隆支局長	煙草專賣批發商	M	2
高島虎雄		總督府文書課屬	煙草專賣批發商	O	2

高橋傳吉	從六位勳五等	台南廳警務課長	煙草專賣批發商	L J	2
國府小平		中央研究所庶務課長	煙草專賣批發商	O	2
梅本馨	從六位勳六等	新竹州稅務課長	煙草專賣批發商	L	2
野上鵠四		專賣局煙草課屬	煙草專賣批發商	O	2
森永種次郎	從七位勳七等	專賣局宜蘭出張所長	煙草專賣批發商	M	2
渡利友吉		嘉南大圳理事	煙草專賣批發商	O	2
渡邊玄眞		專賣局支局長	煙草專賣批發商	J	2
菅秀太郎	從七位勳八等	專賣局副參事	煙草專賣批發商	L	2
黑木重德		專賣局庶務課屬	煙草專賣批發商	O	2
奧村辰次郎		專賣局布袋出張所長	煙草專賣批發商	K	2
奧脅由次郎	從七位勳八等	專賣局技師	煙草專賣批發商	K	2
新開俊夫	從七位勳七等	地方理事官	煙草專賣批發商	M	2
鈴木直吉		專賣局屬	煙草專賣批發商	O	2
福田信吉		專賣局台北支局販賣主任	煙草專賣批發商	M	2
稻田岩一郎		專賣局屬	煙草專賣批發商	O	2
藏田壽吉		新竹街長	煙草專賣批發商	O	2
藤田新吾	正七位勳七等	專賣局基隆出張所長	煙草專賣批發商	M	2
坂本軍二		地方官吏	煙草專賣批發商	O	2
坂東喜之吉	從六位勳六等	新竹州稅務課長	煙草專賣批發商	M	2
奧村文市	正六位勳五等	專賣局台中支局長	煙草專賣批發商組合長	M	2
竹內龜七	從七位	專賣局書記	經營鹽務支館	C	2
幸野武磨	勳五等	陸軍中尉	經營鹽務支館	E	2
青木惠範		花蓮港庶務課長	經營鹽務支館	E	2
鉅鹿赫太郎	正六位勳五等	總督府官房翻譯官	經營鹽務支館	E	2
白石喜代治		總督府工務部官吏	三五公司南隆農場經理	J	3A
守滿亦八	勳八等	台灣總督府雇	三榮商會經理	M	3A
二宮儀之助		打貓支廳長	大正無盡常董	C	3A
揖場徹		總督府作業所業務課長	大正護膜製品專董	E	3A
近藤武義		台灣糖務局事務官	中央製糖常董	A	3A

小松吉久	從四位勳四等	宜蘭廳長	日本拓殖專董	L J	3A
三浦信雄	從七位勳七等	地方警視	日本蓪草專董	M	3A
宮尾麟		總督府土木局官吏	北港製糖常董	A	3A
加治木藤之助	從七位	總督府地方理事官	台中輕鐵經理	J H	3A
陰山登		台北市勸業課長	台北中央市場專董	L	3A
賀來倉太	從五位勳四等	監獄舍監	台東工業專董	E	3A
瀨谷房之助		總督府官吏	台東製糖專董	D	3A
堀口兼三郎		警部補	台東製糖常董	C	3A
久代求		台南州保安課	台南計程車專董	M J	3A
佐佐木源助		支廳長	台南電鐵專董	F	3A
鐸木直之助		總督府台南配電所長	台灣土地建物經理	E	3A
渡邊發藏	從六位勳六等	新竹廳警務課長	台灣化學工業專董	I	3A
和泉種次郎	勳七等	基隆廳官吏	台灣水產專董	L	3A
水野啓	正七位勳六等	虎尾郡守	台灣古銅鐵屑專董	M	3A
立石義雄		總督府臨時台灣工事部事務官	台灣瓦斯專董	A	3A
土居嶺三郎		總督府電信技手	台灣用達專董	E	3A
宮本一學		總督府民政部總務局官吏	台灣皮革專董	L	3A
川田武彥		總督府商工課官吏	台灣拓殖製茶專董	J	3A
小田代慶太郎		殖產局技師	台灣肥料技師兼經理	D	3A
栗山新造	從七位勳七等	地方財務金融課員	台灣南部無盡專董	L K	3A
石坂莊作	勳八等	軍官	台灣耐火煉瓦專董	L	3A
筑紫次雄		宜蘭廳蓄務主任	台灣耐火煉瓦專董	E	3A
諏訪忠藏		恆春廳警務課長	台灣產業經理	E	3A
增山久芳		公學校校長	台灣產業資源經理	M	3A
安詮院貞熊	從五位勳六等	台中市尹	台灣新聞社常董	M	3A
坂本登		專賣局官吏	台灣新聞社經理	E	3A
小川要七		台北廳財務課長	台灣電氣工業專董	D	3A

村上玉吉		憲兵	台灣漁業經理	L	3A
桐村純一		官吏	台灣製筵專董	H	3A
清水政治		三等郵便局長	台灣製糖經理	L	3A
大山嶽彥	從七位勳七等	總督府典獄補	台灣興亞紙漿工業經理	M	3A
石丸長城		台南辨務署主記	台灣興業專董	F	3A
木村匡		總督府秘書官	台灣儲蓄銀行經理	C	3A
山岸初太郎		軍官	台灣爆竹煙火經理	L	3A
飯田耕一	正八位勳六等	陸軍工兵中尉	台灣鐵工所專董	J	3A
佐藤信壽	從七位勳六等	工兵中尉	台灣鐵工所常董	F	3A
三上喜千藏	正六位勳五等	打狗支廳長	打狗商事專董	E	3A
平井成		總督府技師	共益社常董	M	3A
渡邊國重		總督府官吏	合名甲仙埔採腦經理	A	3A
上原繁雄	勳七等功七級	嘉義醫院事務長	宜蘭精米專董	M	3A
與儀喜宣	從五位勳四等	水產試驗場所長	拓洋水產專董	M	3A
相馬半治		總督府糖務局技師	明治製糖專董	L	3A
藤野幹	從五位	總督府殖產局糖務課長	明治製糖常董	L	3A
高木鐵男		總督府糖務局囑託	明治製糖經理	A	3A
堀宗一		總督府糖務局台南支局長	鹽水港製糖董事兼技師長	P	3A
古藤齊助	從七位勳六等	地方警視里壠支廳長	東台灣無盡專董	LM	3A
戶水昇	正四位勳三等	台北州知事	東台灣電力專董	M	3A
野村勘四郎	從六位勳六等	台南郵便局長	東亞肥料常董	E	3A
淺田知定		總督府臨時糖務局長	東洋製糖專董	A	3A
筬鳥桂太郎		臨時糖務局事務囑託	東洋製糖經理	A	3A
八幡久吉		台中縣巡查	東勢角物產經理	K	3A
堀內政一		總督府技師	林本源製糖專董	E	3A
小花和太郎		總督府糖務局糖務課長	林本源製糖經理	A	3A
野副茂人		斗六廳警官	林杞埔輕便鐵道經理	C	3A
小川浩	從七位勳六等	陸軍步兵中尉	花蓮港電氣常董	L	3A
上田雄太郎		阿猴廳農會幹事	阿猴勸業常董	E	3A

伊藤政重		法院判官	南日本製糖常董	C	3A
河越順市	從六位勳六等	專賣局台南支局長	南日本鹽業常董	M	3A
井田憲次	從五位勳六等	台北州總務部長	南海興業常董	M	3A
宮添環		憲兵隊軍官	南部台灣海產專董	F	3A
松岡富雄		臨時台灣糖務局囑託	帝國製糖專董	L	3A
山瀨肇	勳六等	陸軍通譯官	昭和製糖專董	L	3A
古賀武德		農商務省農政課囑託	昭和製糖經理	L	3A
西村圭三		新竹廳官吏	苗栗輕便鐵道經理	C	3A
藤利剋		鹿港辨務署官吏	海南製粉專董	E	3A
樋口友吉	正六位勳六等	專賣局酒課長	高砂麥酒常董	M	3A
工藤折平	正七位勳六等	高雄警察署長	高雄州自動車工作常務董事	M	3A
日高六太郎		阿猴廳官吏	高雄魚市專董	L	3A
中村一造	勳七等	鐵道部驛長	高雄賣冰專董	L	3A
鎌田駿藏		宜蘭警官	基隆荷役專董	B	3A
相澤時進		台北廳庶務課長	基隆輕鐵經理	D	3A
石田順平		警官	朝日組經理	L	3A
武內小太郎		總督府鐵道部官吏	賀田組經理	M	3A
原脩次郎		警察本署保安課長	賀田組經理	A	3A
梅野清太	從七位勳六等	陸軍砲兵中尉	賀田組經理	L	3A
松本徒爾		陸軍步兵曹長	新竹電燈專董	C	3A
鈴木伊勢教		嘉義廳農會技手	新竹製糖經理	L	3A
治田長次郎		總督府通譯官	新高炭礦專董	E	3A
速水經憲		台南郵便局長	新高製冰經理	C	3A
山田申吾		總督府糖務局技師	新高製糖專董	A	3A
石川昌次		總督府殖產局糖務囑託	新興製糖常董	C	3A
渡邊與一		台北廳財務課長	源成農場經理	A	3A
原勇佃		嘉義廳官吏	嘉義旅館經理	A	3A
伊東義路		嘉義典獄長	嘉義電燈專董	C	3A
小西國平	正七位勳七等	總督府營林所作業課長	嘉義輕鐵專董	L J	3A

眞木勝太	從七位	嘉義廳囑託	嘉義銀行專董	I	3A
中津德治		總督府專賣局官吏	彰化銀行常董	L	3A
芝原太次郎		南投廳技手	彰南鐵道專董	C	3A
林準二		陸軍步兵少尉	蓬萊水產專董	E	3A
今井兼次		總督府技手	大日本製糖農務係主任	A	3A
大和芳次		臨時糖務局糖業試驗場講師	斗六製糖機械股長	A	3A
河野市次郎		台中廳囑託	林本源製糖技師	P	3A
長谷部浩		台南州技師	明治製糖技師	P	3A
金子昌太郎		總督府中央研究所技師	明治製糖技師	P	3A
田中元治郎		總督府技師	明治製糖技師	P	3A
石川寬		總督府糖業試驗場囑託	南日本製糖技師	P	3A
菅井博愛		總督府糖務局技手	台灣製糖技師	P	3A
杉田茂右衛門		總督府技手	台灣製糖技師	P	3A
杉尾喜高		總督府殖產局官吏	台灣漁業支店長	E	3A
喜多島二虎		陸軍工兵中尉	台灣製糖技師	F	3A
岡本福太郎		支廳長	台灣製糖原料股長	D	3A
升島戶野一	正八位勳七等	阿猴廳警部	台灣南部無盡支店長	L	3A
吉井弘治		專賣局官吏	合資江副商店出張所長	E	3A
柏蕃彌	勳七等	新竹廳事務官	林本源家租務課長	M	3A
池田斌	從五位勳六等	新竹市尹	南日本化學工業總務課長	M	3A
立山增太郎		基隆水上警察署警官	南國公司出張所長	E	3A
佐藤喜四郎		基隆警查署警官	施合發商行庶務主任	L	3A
矢野友之丈		台中廳官吏	彰化銀行出張所長	A	3A
山田耕作	勳七等	總督府官吏	サミュル商會台北支店員	F	3B
平山泰	從四位勳四等	台北州知事	三興會社理事	M	3B
田路市郎治		臨時台灣糖務局官吏	大日本製糖社員	J	3B
堀虎輔		總督府殖產局官吏	大日本製糖社員	E	3B
加藤平吉		農務省水產局技手	日本水產社員	M	3B

大庭永成		總督府殖產課長	日本台灣茶監事	C	3B
佐藤續		台中州知事	台北鐵道董事長	N	3B
平野六郎		總督府通譯	台南新報副董事長	A	3B
富地近思		台南縣學務課長	台南新報董事長	E	3B
山口末		總督府樟腦局官吏	台南製糖社員	F	3B
藤田隕治郎	正四位勳三等	台北州知事	台灣化成工業常任監事	M	3B
松田定吉	勳六等	警官	台灣化學工業社員	E	3B
中田榮次郎	正五位勳六等	高雄稅關長	台灣南部無盡顧問	K	3B
久永均介		總督府海關官吏	台灣倉庫社員	M	3B
湖幡良造		總督府統計課員	台灣商工銀行書記	M	3B
橫山虎次		澎湖廳長	台灣通信社董事長	E	3B
山下秀實	正六位勳四等	警部長	台灣傳驛社董事長	C	3B
宗藤大陸		高雄市尹	台灣製糖企畫部長	M	3B
水野英之輔		嘉義廳警部補	台灣製糖社員	M	3B
近藤正太郎		總督府鐵道部官吏	台灣製糖社員	F	3B
河合千代喜		鳳山廳財務課長	台灣製糖社員	B	3B
鎌田長		警官	台灣製糖社員	E	3B
渡邊哲	正八位	軍官	台灣製糖社員	L	3B
中島與市	正八位	陸軍工兵少尉	台灣製糖橋仔頭製糖所機械工務監督	J L	3B
中野鹿之助	正七位勳七等	總督府地方理事官	台灣勸業無盡書記	M	3B
佐藤末吉	正七位勳六等	總督府地方理事官	拓南會社顧問	M	3B
川原義太郎		台南法院長	明治製糖重役	D	3B
橳山保一	從五位勳六等	總督府官房秘書課長	東洋電化工業董事	M	3B
山口高七郎	勳八等	台中州警務部理蕃課長	東陽水道董事	M	3B
谷信敏	從六位勳五等	總督府翻譯官	林本源第三行事務員	A	3B
內海忠司	正四位勳三等	高雄州知事	南日本化學工業監事	M	3B
名井金之助		基隆要塞司令部官吏	南投製糖社員	A	3B
今井錠四郎		公學校長	南投興業董事長	E	3B
網本淺吉	正五位勳二等	陸軍軍需品本廠長	南邦林業董事長	M	3B

島田昌勢	正四位勳三等	總督府文教局長	南洋拓殖理事	M	3B
鈴木金之介		基隆郵便局長	南洋開發組合理事	D	3B
森乙一	從七位勳七等	總督府警務局理事官	南海自動車董事長	M	3B
豬口誠	從五位勳五等	嘉義郡守	南興公司監事	M	3B
武田義人	勳三等	總督府技師	昭和農產化工董事	M	3B
野勢暢次郎		總督府殖產局官吏	埔里社製糖幹部	B	3B
高橋尚秀	從五位勳六等	總督府基隆稅關長	高進商會董事長	M	3B
加藤長次郎		鹽水港廳雇	麻豆製糖社書記	K	3B
西村瀧三郎		土地調查局官吏	堀內商會社員	C	3B
本田壽一		總督府官房官吏	雲泉商會社員	K	3B
高橋卯一		總督府官吏	新高銀行員	F	3B
小林丈夫		總督府囑託	三洋牧場主	C	4
高瀨光造	正七位勳七等	潮州郵便局長	三葉商行主	L	4
三原詰德兵衛		總督府土木局官吏	土木承包商	E	4
中村熊一		官吏	土木承包商	C	4
五十嵐平作		警官	土木承包商	A	4
佐藤四郎治		總督府土木局官吏	土木承包商	E	4
岡本太郎		桃園廳技手	土木承包商	E	4
岩淵芳二		嘉義廳土木股長	土木承包商	E	4
長谷川熊吉		總督府土木部技術員	土木承包商	A	4
富田榮太郎		土木局技師	土木承包商	D	4
濱口勇吉		台北縣監獄作業股長	土木承包商	C	4
古矢庄治郎		總督府商工課員	大世界電影館主	M	4
大谷久造		台南監獄第二課長	大谷吳服店主	A	4
小倉壽一		台北廳官吏	大氣堂代表社員	E	4
市野俊彥		專賣局官吏	不動產商	E	4
楠田金之丞		安平稅關經理課長	不動產商	C	4
井手英孝		憲兵軍官	井手商店主	A J	4
山本喜助		總督府鐵道部建築課員	五金建材商	A	4

犬塚才太郎	勳八等	新竹辦務署官吏	文具書籍商	H	4
村崎長昶		總督府雇	文具書籍商	A M	4
宮下乙次郎		嘉義廳監獄官吏	文具商	A	4
木村丁吉		警官	牛乳商	C	4
松本龜太郎		總督府民政部財政調查委員	北投土地開墾	A	4
松本通藏		台南廳司法主任	台灣車輛董事長	E	4
上田英雄		總督府專賣局書記	台灣粉末樟腦商會主	C	4
村上眞太郎		嘉義廳警官	末廣商店主	E	4
土岐賤夫		總督府技手	石川組店員	F	4
石井辰次郎		總督府土木局	石井自轉車商會主	E	4
橫井勝治郎		總督府內務部雇	石油商	J	4
高田彥次郎		台中縣警務課員	合資台灣製帽代表者	C	4
岡村勇吉		憲兵軍官	有價證券商	C	4
津久井半二郎	正七位勳六等	台南州嘉義稅務出張所長	自動車商	M J	4
石橋直藏		總督府鐵道部官吏	折箱製造業	E	4
金子定晴	從七位勳六等	總督府理事官	東石自動車五社事物處理	M	4
飯田注連松		總督府土木局官吏	玩具商	A	4
小山克		總督府殖產局米穀檢查官	肥料商	E	4
佐原信藏		阿猴廳官吏	阿猴產業董事	E F	4
伴八郎	正八位	警部嘉義署行政主任	南和商行主	M	4
秋山善一		鳳山縣官吏	秋山回漕店主	A	4
高羽貞將		台灣憲兵分隊副長	埔里開墾土地	A	4
桑垣源二郎		監獄看守長	家具商	E	4
宮川精九郎	勳八等	高雄警察課巡查	宮川商行主	E	4
高山仰	從四位勳四等	阿猴廳長	高山商會主	G	4
佐土原吉雄		專賣局官吏	清酒代理商	M	4

齋藤剛	從七位	專賣局事務官	造庭業者	C	4
平山鷹一		巡查	陶器製造商	J	4
鈴木重嶽	從五位勳五等	台北郵便局長	貿易商	L	4
吉田菊治	正七位勳六等	地方警視新竹署長	新竹新興董事長	M	4
鷲田敬太郎		警官	煤炭商	E	4
西村健藏		土地調查局技手	當舖業	C	4
岩田芳人		總督府官吏	當舖業	A	4
清水義治		高雄憲兵隊分遣所長	當舖業	A	4
二木敏雄		總督府土木局經理課	萬媒社董事長	E	4
坂口福松		警官	經營服裝店	E	4
元永盛美		嘉義廳行政事務傳習所講師	經營金融業	E	4
渡嘉敷唯良		新竹辨務署主記	經營新竹市場	C	4
山下律太		總督府殖產局礦業調查官	經營礦業	E	4
岡田道平		苗栗廳官吏	經營鐵工場	E	4
城本熊造		總督府鐵道部技術員	經營鐵工場	D	4
福原勇雄		陸軍補給廠台中支廠技手	經營鐵工場	E	4
松村芳太郎		總督府鐵道部官吏	腳踏車商	E	4
伊藤誠作		巡查	葬儀業	M	4
上瀧宇太郎		澎湖廳雇員	運輸土木業	A	4
星加彥太郎		台灣守備隊附	綿布商	I	4
村田義教		憲兵隊漢話通譯	製造販售日本瓦	C	4
宇都宮讓藏		總督府專賣局製腦股長	製腦業	C	4
江口音吉		台南縣官吏	製糖業	A	4
山田作松		總督府官吏	橡膠鞋批發商	E	4
大熊和郎		鳳山廳警務課長	蕃產物批發商	E	4
辻清吉		台北縣官吏	蕃產物批發商	A	4
木南正		警官	餐飲旅館業	J	4

加藤末吉		警官	餐飲旅館業	A	4
山田信太郎		基隆辨務署庶務課長	雜貨商	B	4
笹川熙雄	從六位	鐵道部事務官	雜貨商	C	4
四倉多吉	勳八等	南投廳巡查	雜貨商	M	4
村井瀧太郎		總督府醫院藥局長	雜貨商	A	4
武藤仙太郎		總督府警部	雜貨商	C	4
眞砂由次郎		總督府土木局打狗工事部官吏	雜貨商	E	4
飯尾松之助		軍官	雜貨商	A	4
黑田米三		台南廳官吏	雜貨商	A	4
長江政雄		官吏	雜貨業	A	4
白井一		總督府藥局長	藥材商	L	4
竹中兵吉		彰化廳官吏	藥材商	A	4
服部知春		八塊庄公學校長	藥材商	E	4
河野綱吉		總督府製藥所官吏	藥材商	F	4
藤本鐵治	從七位	財務局間稅股長	釀造業	C	4

資料來源：資料 A：岩崎潔治，《台灣實業家名鑑》（台北：1912 年）。
　　　　　資料 B：《新台灣》大正 4 年 11 月號（台北：新台灣社，1915 年）。
　　　　　資料 C：大園市藏，《台灣人物志》（台北：谷澤書店，1916 年）。
　　　　　資料 D：上村健堂，《台灣事業界與中心人物》（台北：台灣案內社，1919 年）。
　　　　　資料 E：內藤素生，《南國之人士》（台北：台灣人物社，1922 年）。
　　　　　資料 F：《最近之南部台灣》（台南：台灣大觀社，1923 年）。
　　　　　資料 G：橋本白水，《評論台灣之官民》（台北：南國出版協會，1924 年）。
　　　　　資料 H：林進發，《台灣官紳年鑑》（台北：民眾公論社，1932 年）。
　　　　　資料 I：《台灣人士鑑》1934 年版（台北：台灣新民報社，1934 年）。
　　　　　資料 J：大園市藏，《台灣之中心人物》（台北：日本植民地批判社，1935 年）。
　　　　　資料 K：新高新報社編，《台灣紳士名鑑》（台北：該社，1937 年）。
　　　　　資料 L：《台灣人士鑑》1937 年版（台北：台灣新民報社，1937 年）。
　　　　　資料 M：《台灣人士鑑》1943 年版（台北：興南新聞社，1943 年）。
　　　　　資料 N：《台灣實業界》相關各號（台北：該社）。
　　　　　資料 O：《台灣實業界》昭和 4 年 9 月號、10 月號（台北：該社）。
　　　　　資料 P：吳文星，〈札幌農學校與台灣近代農學的展開——以台灣總督府農事試驗場為中心〉，《日本統治下台灣之支配與展開》（名古屋：中京大學社會科學研究所，2004 年），頁 481～522。
說　　明：類別一欄，1A 代表擔任官控會社、組合經營職位（非酬庸性職位）者，1B 代表擔任官控會社、組合一般職位（酬庸性職位）者；2 代表獲任專賣批發品商，3A 代表擔任民營企業經營職位（非酬庸職位）者，3B 代表擔任民營企業一般職位（酬庸性職位）者；4 則代表個人商號企業主。

　　根據表 4-3-1 可知：退職官吏轉往商界發展大致有四條出路，第一條出路
為轉入官控會社、組合任職，即表中的 1A、1B 類型，共 125 例；第二條出路
為擔任專賣品批售商，即表中的 2 類型，共 131 例；第三條出路為進入民營
企業任職，即表中的 3A、3B 類型，共 158 例；第四條出路則為自行創業，即
表中的 4 類型，共 86 例。大體而言，前兩條出路與殖民政府關係密切，多由
殖民政府安排，後兩條出路則與殖民政府關係稍淡，〔註 129〕賴個人才幹較
多，總計走前兩條路線者，共有 256 個，佔總數的 51.2%，走後兩條路線者，
則有 244 個，佔總數的 48.8%。換言之，退職官吏轉入商界發展，大約一半投
入官方色彩較濃的事業，另外一半則進入民營企業或自行創業，而前者又略
多於後者。

　　以下，再分述這四條出路的概況。首先，就第一條出路言，何以退職官
吏會一窩蜂轉往官控會社、組合發展，這與殖民政府握有官控會社、組合的
人事權，以及官控會社、組合待遇頗豐有關。

　　由於殖民政府對官控會社投資甚多，幾乎皆為各官控會社的最大股東，
〔註 130〕加上，其可監管各官控會社、組合的業務，故各官控會社、組合的人
事權幾盡操於殖民政府手中。以九大官控會社為例，台灣銀行、台灣電力、
台灣拓殖通常由中央政府、台灣總督府共同指派正、副董事長、理事、監事
〔註 131〕；台灣日日新報則由台灣總督府決定董事長、董監事〔註 132〕；而台灣
青果、台灣石炭一般多聽從台灣總督府殖產局長的意見〔註 133〕；至於台灣製

〔註 129〕但亦不可說全無關聯，根據矢內原忠雄《日本帝國主義下之台灣》（台北：帕
　　　　米爾書店，1985 年），頁 14，即言，台灣總督府經常給各製糖會社人事援助，
　　　　頗多製糖會社的幹部由糖務局和台灣銀行調任，故退職官吏轉入各製糖會社
　　　　任職，實常為台灣總督府在幕後牽線。
〔註 130〕若合計台灣總督府、官方半官方社團、基金、銀行、會社、皇室、大藏省等
　　　　官方資本，台灣日日新報、台灣青果兩家公司的持股率，曾高達 60% 以上；
　　　　台灣拓殖、台灣電力兩家公司的持股率亦曾高達 50%、40% 以上；台灣石炭、
　　　　台灣製腦、台灣銀行三家公司的持股率，則亦曾分別達到 18%、8%、3.5%
　　　　左右，而且上述各社除台灣製腦外，其餘各家公司的第一大股東，皆為官方
　　　　資本。
〔註 131〕《台灣實業界》昭和 13 年 5 月號，言：台銀重役的任命權在大藏省，第二監
　　　　督權在台灣總督府。台灣電力、台灣拓殖人事權由中央、台灣總督府決定，
　　　　則參見《台灣實業界》昭和 4 年 12 月號、昭和 11 年 8 月號、昭和 11 年 12
　　　　月號、昭和 14 年 11 月號、昭和 14 年 12 月號等。
〔註 132〕《台灣實業界》昭和 14 年 2 月號。
〔註 133〕《台灣實業界》昭和 9 年 5 月號。

腦、台灣製鹽因其製品屬於專賣品，故其人事須尊重台灣總督府專賣局長的決定〔註134〕；另外，台灣合同鳳梨則因由台灣總督府一手促成，故公司的人事亦須向台灣總督府報備。〔註135〕

　　接下來，討論官控會社、組合待遇較豐的問題。以1929年為例，台灣總督的年俸雖較台灣銀行、台灣電力、台灣青果、台灣製腦等官控會社的董事長為高，但官控會社的董事長通常都有2～3萬圓的高額機密費，使其收入遠遠高過官員，而且機密費的成長十分驚人，台灣電力董事長的機密費，至1936年時已高達10萬圓（參見表4-3-2、表4-3-3）。〔註136〕再者，除機密費外，官控會社的經營者每年還可領取巨額的酬勞金，長期旅居在外亦有差旅費的補助，〔註137〕退職時官控會社通常還會給予董事長任職一年一萬圓的退職金，台灣銀行更給予董事長任職一年兩萬圓的退職金。〔註138〕

表4-3-2：1929年時台灣高級官員的年俸

職　　　　　　　位	年　俸
台灣總督	7,500圓
台大總長	7,000圓
總務長官、高等法院院長、檢察長	6,500圓
總督府高級技師	6,000圓
交通局總長	5,700圓
法官、檢察官、局長、州知事、督府事務官、交通局理事、醫院長、各學校長	5,200圓
敕任官另有加給及機密費	

資料來源：《台灣實業界》昭和4年9月號。

〔註134〕《台灣實業界》昭和4年12月號。
〔註135〕《台灣實業界》昭和12年2月號、昭和12年10月號、昭和13年1月號，台灣合同鳳梨初由大阪民政黨國會議員勝田永吉奪取董事長之位，後勝田辭退政務次官後，由台地財閥赤司初太郎繼任董事長，台灣總督府利用機會，亦勸鍋島專務董事一併辭職，並指定台灣總督府內務部長小濱淨礦繼任專務董事。
〔註136〕《台灣實業界》昭和11年3月號、昭和14年7月號。
〔註137〕《台灣民報》昭和3年8月26日，台人輿論批評高田董事長長期旅居東京，坐領公司高額的旅費補助，但一年卻只赴台灣開一次總會，就算盡了董事長的義務。
〔註138〕《台灣實業界》昭和13年8月號。

表 4-3-3：1928～1929 年台灣官控會社董監事的年俸及機密費

職　　銜	台灣銀行	台灣電力	台灣青果	台灣製腦
董事長	年俸 6,000 圓 機密費每年 2～3 萬圓	年俸 6,000 圓 津貼 6,000 圓 機密費每年 2 萬圓	年俸、津貼 合計 10,000 圓	年俸 5,000 圓 機密費每年 3 萬圓
副董事長		年俸 5,000 圓 津貼 5,000 圓		
專務董事			年俸 4,200 圓	
理事 常任監事	年俸 3,600 圓	年俸 4,000 圓 津貼 4,000 圓	年俸 3,600 圓	
酬勞金		每年 4 萬圓分給重役		

資料來源：綜合《台灣實業界》昭和 4 年 9 月號；《台灣民報》昭和 3 年 8 月 26 日號、3 年 2 月 12 日號製表。

　　如上所述，官控會社、組合的待遇既佳，故官控會社、組合一週有缺，退職官吏莫不各顯神通，競相爭取進入官控會社、組合任職的機會，1934 年以後《台灣實業界》等雜誌曾多次提及：當時退職官吏轉赴官控會社、組合任職已蔚為風潮，〔註 139〕甚至有些官員在任官時，還利用職務之便，協助某些企業的設立及發展，並在退休後即刻轉入該企業任職，例如：西澤義徵在擔任高雄州知事時，熱心協助台灣合同鳳梨會社的創立，退休後，台灣合同鳳梨公司亦投桃報李，邀請他擔任常任監事，並給予西澤 300 股的股票，以酬謝他的功勞，當時輿論批評西澤雖於官紀略有所虧，但亦言並不違法。〔註 140〕再如：本山文平擔任台中州知事時，積極催生台灣青果的設立，其後亦接掌了這家公司的董事長之位。〔註 141〕

　　這種高級官吏轉入企業任職的情況，最後甚至出現了一定行情，敕任官轉任官控會社、組合的監事、經理甚至被視為際遇堪憐，如：澎湖廳長福本一夫轉任台灣青果的監事、文教局學務課長郡茂德轉任台灣青果聯合會的經理，都被認為是際遇堪憫或破壞行情。〔註 142〕

　　綜上可知，官控會社、組合待遇既佳，而殖民政府又握有官控會社、組

〔註 139〕《台灣實業界》昭和 9 年 7 月號。
〔註 140〕《台灣實業界》昭和 11 年 1 月號。
〔註 141〕《台灣實業界》昭和 15 年 3 月號。
〔註 142〕《台灣實業界》昭和 13 年 1 月號。

合的人事決定權，故自然會優先安排官吏轉任，如此不僅可以照顧退職官吏的生活，亦可賴此退官網絡，壟斷台灣的金融、電力、專賣品、特產品、土地、煤礦等產業及資源，甚至還可以箝制新聞輿論。

其次，就第二條出路言，何以退職官吏亦熱衷爭取專賣品的批售權，這仍與暴利有關。根據《台灣實業界》的分析，日治時期台灣總督府專賣局曾將煙、鹽、酒、樟腦、鴉片等列為專賣品，這些商品一旦被列為專賣品後，即只准特定商人在某一區域販售，在可獲專賣特權者稀〔註143〕、毋需廣告的情況下，專賣品批售可說是絕對有利的事業。以煙草為例，至少有 30% 以上的利益，專賣品批售商的年收益，至少有 2,000 圓，較好者更有 3,000～4,000元的利益。

因為販售專賣品利潤豐厚，有意爭取者平時看到專賣局官員即行三跪九叩的大禮，並在專賣局官員出差時，熱烈招待，為其打點旅館、贈送車票，每屆指定批發商時，更不惜耗費巨資，猛向專賣局活動，因為一旦獲得專賣特權，即可獲得高額利潤、吃喝享受三年。

然在眾多爭取者當中，仍以退職官吏較易雀屏中選，其中，尤以專賣局退職官吏、曾任奏任官以上職位者機會最大。台灣總督府會優先給予退職官吏專賣權，原係為了維持其生活的體面，但獲得專賣特權的退職官吏，既可領恩給、原本職務薪俸，又坐享專賣暴利，可說獲得了三重收入，故專賣品批售權成為退職官吏謀利、享受的捷徑。〔註144〕據《台灣民報》1925 年 7 月的估計，合計煙草、鹽、酒、鴉片這四類專賣品批售商的純益，每年至少高達一百萬圓，而這百萬圓即大部份都由這些日人退職官吏所分食。〔註145〕

再次，就第三條出路言，退職官吏不論轉入官控會社組合任職，或藉專賣品批售權謀利，皆常遭致輿論的批評，但轉入民營企業任職則有較佳的評價，以下申論之。會社、組合內的職位，不論官營或民營，大致可以分為兩類，一類為須負經營實責的職位，包括：專務董事、常務董事、常務理事、常任副組合長、經理、主事、課長、係長、支店長、出張所長、工場長、技

〔註143〕根據《台灣實業界》昭和 4 年 9 月號：1929 年，全台僅有煙草批發商 70 人，匿名組合員 48 人，零售商 80 人。

〔註144〕《台灣實業界》昭和 4 年 9 月號、昭和 4 年 10 月號。《台灣民報》第 60 號，大正 14 年 7 月 20 日行之社說亦言，1925 年時，全台煙草仲買商共 132 人，平均每年一年純益不下於 3,000 圓，煙草純益每年高達 39.6 萬圓。

〔註145〕《台灣民報》第 60 號，大正 14 年 7 月 20 日行之社說。

師長、技師等，一類則較屬掛名養老性質的職位，包括：正副董事長、正副組合長、董事、監事、理事、參事、囑託、社員等，由於前者多須承擔經營重任，故本文將之視為非酬庸職位，而後者較常坐領乾薪，故本文將之歸為酬庸職位。若依此分類，在退職官吏轉入官控會社、組合任職的 125 例中，大致有 49 例轉任非酬庸職位（即表中 1A 類型），76 例轉任酬庸職位（即表中 1B 類型），即：擔任酬庸職位者為擔任非酬庸職位者的 1.6 倍，可見殖民政府安排退職官吏進入官控會社、組合任職，實以酬庸性質居多。

　　輿論對於這種酬庸屢有批評，例如：《台灣實業界》即曾言：台灣電力內資深官員麕集，導致台灣電力無法民營化，已經動脈硬化，無可救藥。〔註 146〕《台灣民報》的批評更為激烈，其言：總督府不管退職官員專長、能力如何，以為官吏萬能，亂換一場，竟以醫學博士高木友枝擔任台灣電力的董事長，致有日月潭水力發電工程的大失敗。〔註 147〕再者，官控會社更成為老官僚的隱居所、退職官吏的收容機關，台灣製鹽欠下台灣銀行 60 萬圓的債務，董事長荒卷鐵之助卻可領取擔任市尹時代兩倍的薪俸，台灣製鹽充斥著一大堆坐領高薪卻無能的事務員。〔註 148〕

　　反觀退職官吏轉進民營企業任職則非如此。在退職官吏轉入民營企業的 158 個案例中，擔任酬庸職位者僅 45 例（即表中 3B 類型），而擔任非酬庸職位者卻有 113 例（即表中 3A），擔任非酬庸職位者為擔任酬庸職位者的 2.5 倍，與官控會社、組合的情況恰成鮮明對比，可見退職官吏曾為台灣的民營企業界補充了不少的經營人才。再者，根據表 4-3-1 亦可知，在轉入民營企業擔任經營職的 113 例中，竟有高達 31 例轉入各製糖會社，顯見退職官吏對於提供各製糖會社所需的經營人才尤為重要。

　　同時，輿論對於曾經主管過相關業務的官員，轉任民營企業經營職位者，亦認為有其優點，例如：糖務局、專賣局的技師轉任製糖會社、啤酒會社的經營者，即被認為非常適任，因為其所具有的專業知識及經驗，可幫助他們很快就能熟悉業務，再加上，他們在官場上又有豐沛的人脈，亦有利於公司獲得貸款及推廣業務。

　　最後，討論第四條出路。選擇這條出路的退職官吏，多為基層官吏，他

〔註 146〕《台灣實業界》昭和 13 年 1 月號。
〔註 147〕《台灣民報》昭和 2 年 1 月 23 日。
〔註 148〕《台灣民報》昭和 3 年 10 月 14 日。

們受殖民政府的照顧較少，無法躋身官控會社、組合，同時，民營企業亦不願將其納入，他們雖有部份競爭力疲弱，難與台人企業菁英爭雄，但亦有赤手空拳創業成功，甚至成為一方之霸，其中聲名較著有：台北的村崎長昶（文具書籍商）、星加彥太郎（棉布商），高雄的楠田金之丞（酒樓、不動產商）、宮川精九郎（雜貨商）、眞砂由次郎（雜貨商）、清水義治（當舖商），嘉義的白井一（藥商）、津久井半二郎（汽車商）、宇都宮讚藏（製腦商人），台南的村田義教（日本磚瓦商人）、屏東的高山仰（製腦商人），澎湖的井手英孝（雜貨商）、上瀧宇太郎（水產、運輸、土木商），花蓮港的岩田芳人（當舖商），宜蘭的橫井勝治郎（石油商）等（參見表 4-3-1），這些退職官吏上從台北、高雄等都市，下至宜蘭、澎湖偏遠街庄皆有之，他們散居台灣各角落，成為各級殖民政府的基本支持者。

小 結

　　本章討論日人在台企業菁英的兩大政治網絡——政黨網絡、退官網絡。就政黨網絡言，自 1918 年 9 月原敬內閣誕生後，日本中央政府即由政友會、憲政會（民政黨）兩大政黨交替執政，同時，隨著中央內閣的政黨輪替，亦會牽動台灣總督府的人事更迭，而台灣總督府的人事變化，又導致官控會社的人事波動，此類例子不勝枚舉，較重要者如：在台灣電力會社，政友會的川村竹治總督，起用遠藤達為董事長，拔除高木友枝，但民政黨的石塚英藏總督就任後，即以松木幹一郎為董事長，迫使遠藤達倉皇辭職。又如：在台灣製腦會社，憲政會的伊澤多喜男總督，任命妻木栗造為專務董事，剪除原任專務董事三村三平、常務董事河村徹，然政友會的川村竹治總督上台後，即以日比重雄為專務董事，逼退妻木栗造。再如：憲政會的上山滿之進總督，在台灣製鹽會社，任命荒卷鐵之助為董事長取代津田毅一，政友會的川村竹治總督，在台灣青果會社，發布村田俊彥為董事長取代高田元治郎等，都是基於黨派考量的人事任命。

　　然而，此時這種藉政黨輪替變更人事的機制，經常演變成只問黨派立場、不管經營績效的政黨報復，當然這亦會引起日人在台企業菁英的不滿，1929 年秋，台地崛起的第二號大財閥赤司初太郎，即不耐民政黨、政友會兩黨惡鬥，牽累台灣製腦的董座人事，為挽救台灣製腦不振的業務，乃挾其擁有台灣製腦大量股票的優勢，超越政黨，自行參選，並順利被推舉為董事

長。〔註149〕然此事究屬特例，大體而言，很少人敢挑戰台灣總督府的權威，台灣總督府還是對官控會社的人事，操有生殺予奪大權。

交替執政固然時常演成政黨惡鬥，但有時亦會帶來政策的辯論及改變，例如：在電力官營或民營的政策上，民政黨的台灣電力會社董事長松木幹一郎力主電力民營，然與政友會關係密切的副董事長安達房治郎，則力倡將電力收歸官營，兩人競爭在報章雜誌上發表看法。又如：在香蕉運輸政策上，以警務局長本山文平爲首的民政黨人，主張由台灣青果會社壟斷香蕉運輸權，然1928年6月，政友會的川村竹治總督上台後，即和台中州知事生駒高常檢討本山文平的政策，並在9月下令將香蕉運輸權移轉給青果同業組合聯合會，但此一政策延續至1937年又有變化，此時，本山文平獲得政治奧援，返台接任台灣青果會社董事長，故在本山等人的爭取下，台灣總督府又將香蕉運輸權交給台灣青果。

另外，值得注意的是，由於台人在政黨輪替改變官控會社人事上無緣置喙，故台人輿論經常表現出一種事不關己、趁機譏諷的態度，如《台灣民報》言：每臨政黨輪替時，日人官界、御用會社重役即充斥著低氣壓、暴風雨，莫不喪心膽落的擔心「縅首」問題〔註150〕。再者，台人輿論對日人政黨輪替時常將台灣電力、台灣青果等會社的人事用作政治酬庸，則深感不滿，如：台人批評台灣總督府亂換一場，將醫學博士高木友枝任命爲台電董事長，〔註151〕將管鐵路的交通總長白勢黎吉安插爲台灣青果董事長。但儘管如此，台人在此過程中，還是體會了可藉政黨輪替改變官控會社人事或政策的經驗。

接下來，討論退官網絡。日人在台的人數一直不多，然若日人留台過少，將動搖台灣總督府的統治基礎，是故，爲刺激日人的留台意願，台灣總督府必須給予日人若干特別照顧，而退職官吏素質較高，亦較了解台灣總督府的意志，自然容易成爲台灣總督府優先照顧、挽留的目標。然而台灣總督府不可能另外撥款特別照顧，故惟有想辦法移轉台人的辛苦所得，再交給日人退職官吏分食，其傑作即是：在香蕉運銷環節中，另創台灣青果會社、青果同業組合兩個贅餘系統，並大量安插日人退職官吏進入其中。這在當時台

〔註149〕參見《台灣實業界》昭和4年12月號。
〔註150〕《台灣民報》大正13年10月21日，第2卷第21號。
〔註151〕《台灣民報》昭和2年1月23日，第141號。

人即已識破，故台人輿論將青果會社、青果組合，和市街庄役場、水利組合、電力會社、嘉南大圳、信用組合等，譏評為收容日人退職官吏的七大養老機關。〔註152〕

　　台灣總督府安排大量退職官吏進入台灣青果會社、青果同業組合，不僅是為了照顧退職官吏的生活，也是覬覦香蕉每年高達二千多萬圓外銷金額所產生的利益。此一外銷金額甚為可觀，已是砂糖輸出的 1／10，〔註153〕惟製糖業日人尚投下龐大的資金、技術，才建立新式製糖廠，而香蕉在生產過程則幾全賴台人蕉農辛勤栽種，故若能將之移轉，實為勞少而利多之事。為此，台灣總督府乃下令由台灣青果會社、青果同業組合壟斷香蕉的運銷權，再透過退職官吏在其中運作，巧妙地將蕉農的辛勤所得，交給大阪商船、日本郵船公司、鐵路部、專屬運輸店、日人仲介商、大盤商等分享。

　　日人官吏退職後，如欲轉進商界，除可進入台灣青果會社、青果同業組合外，還可進入台灣銀行、台灣日日新報、台灣電力、台灣製腦、台灣製鹽、台灣合同鳳梨、台灣拓殖、台灣石炭、信用組合等官控會社及組合，他們進入這些官控會社、組合多半擔任酬庸性質的職位，因此，深受輿論的批評。

　　其次，日人退職官吏還可爭取專賣品批售權，亦能獲得優渥的待遇，以煙草專賣商為例，根據此時報紙雜誌的估計，其每年約可獲得 3,000 圓左右的純利，而當時台灣總督的年俸亦不過 7,500 圓，足見利潤之豐厚。再者，合計煙草、食鹽、酒品、鴉片等專賣品的利益，每年共約 100 萬圓，此 100 萬圓大部份即由日人退職官吏所分食。

　　日人退職官吏轉入官控會社組合、爭取專賣品批售權，固然飽受輿論批評，但日人退職官吏轉入民營企業任職，則有較高的評價。退職官吏轉入民營企業者，泰半擔任須負經營實責的職務，任酬庸職位者較少，尤其是在製糖業上，台灣總督府農務系統的退職官吏，補充了頗多的技師、經營人才。

〔註152〕《台灣民報》第 137 號，1926 年 12 月 26 日號。
〔註153〕根據表 4-2-1，台灣香蕉外銷在 1940 年時，已達 2,836 萬圓，再參見《台灣省五十一年來統計提要》（台北：台灣行政長官公署統計室，1946 年），頁945、949，1939 年台灣砂糖對外輸出達到顛峰，本年對日輸出 229,254,158圓、對其他各國輸出 30,572,501 圓，兩者合計為 259,826,659 圓，故香蕉外銷金額約為砂糖鼎盛時的 10.9%。

　　另外，退職官吏轉入商界的發展尚有一途，即是自行創業。日人退職官吏所創設的個人商號，雖部份缺乏競爭力，經常哎嘆台灣總督府照顧不足，但其中卻亦不乏赤手空拳創業成功者。

　　綜言之，由於退職官吏後轉往商界發展，除可領取原本的薪俸、恩給外，還可以多得一份收益，故日人官吏若仕進無望，則樂意辭官轉往商界發展，這種情況甚至蔚爲風潮，在台灣企業界形成一個無形的退官網絡。退職官吏們轉往官控會社、組合任職，固然因多任酬庸職位，備受輿論批判，但他們亦成爲台灣總督府掌控金融、電力、特產、土地、煤礦、食鹽等各類產業及箝制新聞的幫手。而賴專賣利益過活的特權商人，或赤手空拳創業有成者，則散居台灣各個角落，成爲各級地方政府的基本支持者。更重要的是，退職官投入民營企業，則有助補充台灣企業界的經營人才，甚至一定程度提高了台灣企業界的經營水準。

結　論

　　以往學者研究日治時期台灣史，較偏重台人的活動，對於日人的研究則較為輕忽，同時，在日人如何創造優勢上，亦多由軍警武力的控制、基礎工程的建設、動員體制的整備等有形實體入手，鮮少注意無形的社會網絡，是故，本文想從日人在台企業菁英的社會網絡著眼，進行研究。其實，透過無形的社會網絡，亦可為日人創造優勢，倚親戚、鄉親、校友、同志等關係，常能獲致更多的信任與關懷，彼此相互支援，或藉以壟斷人事的晉升，掌握某一企業的經營權，或賴此籌集資金、人力、物力，以茁壯家族企業的實力。然在日人企業菁英編織、經營社會網絡時，亦會與台人菁英的社會網絡產生互動，這種互動有時是在兩個群體之社會網絡有所關聯下進行，有時則是在兩個群體之社會網絡無所關聯下，彰顯出一種客觀的差異。當兩個群體的社會網絡若有所關聯時，雙方易有較多的交流，反之，若無所關聯、呈現客觀差異之勢時，則我群可藉此凝聚己力，或賴此以排擠他群，以下申述之。

　　首先，就無所關聯部份言之。在親緣網絡上，台、日不同的繼承制度頗能體現此一客觀差異，台人採財產諸子均分、權威長子繼承的制度，並且拘泥於血緣，致分家時易起紛爭，而日人採單嗣繼承，為確立繼承關係，父親與嗣子之名經常共用一字，甚至嗣子襲父親之名繼承，在財產、權威皆由嗣子繼承的狀況下，嗣子擁有至高無上的權威，有助於維護家產的完整，並且可以進一步累積資本。其次，日人可以罔視血緣、輩份，擇優立為養子，〔註1〕

〔註1〕 在本文第壹章第一節中，可以看到日人在台企業菁英以養子繼承的比例為
　　　　23.6%，與湯澤雍彥考證江戶至明治初期，每四個男子即有一人為養子的比例

喜以婿養子、弟養子繼承尤具特色，若無發達的養子制度，日人入台面臨陌生的環境及熱帶疾病的威脅，諸多賴養子繼承的知名企業恐怕早已倒閉，更遑言台北首屈一指的機械批發商——高進商會可以持續興旺三代。再者，日人在台的盛進商行、台灣辰馬商會、越智商店、西村商會、江里口商店等企業，已進行「同族」企業的建構，企圖包容更多的企業關係人，其將嫡系的本家、有血緣關係的分家、非血緣關係的別家，配置序列並加以連結，共同為家名、家譽、家業努力，而無血緣者亦得納入日人的家中，此亦為日人社會「家」之位階，高過家庭成員的具體表現。綜言之，日人在台企業菁英的繼承制度，在「家業傳承重於骨肉綿延」下，〔註2〕不惟令其更能完整繼承家業，亦更能擇優繼承，同時，還可將無血緣者包納其中，這些都有助於增強日人企業的實力。

　　日人菁英不拘泥於血緣，固可令其在繼承制度上佔有優勢，然台人菁英亦可利用此一客觀差異，在消極上至少能保有自己的特性，積極甚至可以獲取優勢，迫使日人屈服。就前者言，根據王泰升的研究，自1923年起，日本民商法典已直接適用於台灣人，只剩繼承制度仍可使用台人獨特的舊慣，〔註3〕台人頑強的繼承制度，迫使日本政府亦必須尊重，而讓台人保有主體性。就後者言，台人曾利用日人欠缺的宗親會，凝聚力量，獲致優勢，例如：陳燕如在《中元普度與政商之間——日據時期基隆地方領袖的發展》一書中，即指出：當日人對基隆民間社會展開嚴密的控制，掌握了產業、民間社團的主導權時，基隆的台人領導菁英亦巧妙利用日人無法滲透的「姓氏」，建構聯宗組織，來舉辦宗教祭典，不惟可假借宗教色彩躲過干預，更迫使日人統治者對其妥協，〔註4〕此即台人菁英利用日、台人親緣網絡的客觀差異，凝聚我群、排斥他群，創造有利情勢的佳例。

　　再者，由於台、日人菁英聯姻甚少，僅板橋林家、基隆顏家、霧峰林家、

雷同，可見日人在台企業菁英的繼承制度實為日本內地之自然翻製。
〔註2〕 Man-houng Lin, "The Perpetuation of Bloodline Versus Family Property: A Crucial Factor for the Different Demographic Dynamics of Pre-industrial China and Japan"《中國現代化論文集》（台北：中央研究院近代史研究所，1991年）。
〔註3〕 王泰升，《台灣法律史的建立》（台北：國立台灣大學法學叢書編輯委員會，1997年），頁175。
〔註4〕 陳燕如《中元普度與政商之間——日據時期基隆地方領袖的發展》（台北：國立台灣師範大學歷史研究所，1997年碩士論文）。

鹿港辜家、高雄陳家等台人顯赫世家，與日人有通婚關係，故一般日、台菁英的家閥、閨閥亦幾乎無所關聯，日、台人菁英各有家閥、閨閥，形成另一種社會網絡上的客觀差異。就此客觀差異言，由於日人在台企業菁英入台時日淺短，多僅兩代，故無論是彼此之間，抑或是與日本內地皆聯結有限，尚無力建構強勁、綿密的家閥、閨閥。

反之，台人世家係為土著，在多代經營下，各地有力之家為數頗眾，吳文星在《日據時期台灣社會領導階層之研究》第三章中，即指出至 1915 年底，獲授紳章者計有 1,031 人，其中，至少有 238 人的昆仲子孫，仍為 1920 年代以降的社會菁英，顯見台人世家實力頗為堅強。〔註5〕

再根據本文的研究，即使至日治末期，台人世家的財富亦不下於一流的日人在台企業菁英，根據日人出版的《台灣實業界》，在 1938 年時，板橋林家大房的林熊徵、林熊祥、林熊光三兄弟，約有 1,700～1,800 萬圓的資產，二房的林伯壽則有 400～500 萬圓，三房的林在嘉、林景仁父子亦有 300～400 萬圓；顏雲年、顏國年兄弟亦擁有 2,000 萬圓的資財；高雄陳啓峰兄弟約有 2,000 萬圓左右的資產；霧峰林獻堂、林烈堂兄弟則有 500 萬圓的財產；鹿港辜顯榮家族亦有 500 萬圓的資產。〔註6〕約略同時，台灣日人首富之「金山王」後宮信太郎，約有 5,000 萬圓資產，第二富翁赤司初太郎，約有 2,000～4,000 萬圓的財產，「雜貨王」中辻喜次郎則約有 1,000～1,500 萬圓的資產，此三人的資產固為台人富翁所不及，但其餘頂尖日人在台企業菁英的資本，則明顯遜於一流台人世家的財富，例如：此時台中日人企業界霸主、彰化銀行董事長坂本素魯哉，僅有 400 萬圓的財產；高雄商工會長、台灣商工銀行董事長古賀三千人，只有 200 萬圓的資產，台北「鋼材王」、高進商會董事長高橋豬之助，亦僅有 200 萬圓的財產，台北「百貨公司王」、菊元商行董事長重田榮治，則只有 130 萬圓的資產，台北著名酒商、西村商會董事長第二代西村武士郎，更僅有 70～80 萬圓的財產。

再看台人菁英的閨閥，根據陳慈玉對基隆顏家婚姻策略的研究，可以看到顏雲年、國年兄弟費心安排子姪婚姻，他們將兄長東年女顏扁嫁給周碧，國年則將長女顏梅許配給丁瑞鈌，周、丁兩人為經營良才，對協助顏家經營

〔註5〕吳文星，《日據時期台灣社會領導階層之研究》（台北：正中書局，1992 年），頁 158～195。

〔註6〕參見《台灣實業界》昭和 13 年 11 月號、昭和 14 年 11 月號。

事業頗有貢獻。再者，顏雲年又令次子顏德潤娶屏東望族藍高川女錦綿，三子顏德修娶台北企業名人許丙長女碧霞，並將次女顏善嫁台南望族謝汝詮長子師熊，顏國年則命長子顏滄海娶嘉義女詩人李德和次女女英，顏雲年、國年兄弟皆盡力尋覓門當戶對之家，進行聯姻，對運用閨閥網絡以壯大事業，似頗為嫻熟。〔註7〕陳慈玉的研究雖屬個案性質，台人其餘世家的閨閥網絡是否亦如此綿密，有待進一步檢證，但日人在台企業菁英能有類似基隆顏家這般綿密閨閥網絡者，亦未見及。

在地緣網絡上，台人係為土著，透過親緣網絡即可獲致頗多的奧援，而日人遠來，賴親緣網絡甚難覓足披助，範圍較寬廣的地緣網絡，自然成為籌措資金、網羅人才的重要管道。日裔美籍學者法蘭西斯·福山在《信任——社會德性與繁榮的創造》一書中言，在日本本土較少利用「地域觀念」作為社交集會的橋樑，〔註8〕然這在日治時期的台灣並不適用，至日治末期，日人在台企業菁英已建構出町會——府縣人會——台灣俱樂部系列的地緣網絡，日人企業菁英入台後，或依住所找到町會，或循籍別找到府縣人會，賴此二會慰藉苦悶的心情或尋求合作的對象，返回日本後，則亦可加入台灣俱樂部等團體，〔註9〕而與台灣保有一定程度的聯繫。

在此系列的地緣網絡中，町會蛻變自「內地人組合」，在日人菁英刻意排斥台人進入町會的狀況下，罕見台人入會，而府縣人會亦由於台人菁英鮮少誕於日本內地府縣，並未見到台人加入府縣人會之例，因此，兩者皆可視為台、日人菁英社會網絡的一種客觀差異。日人在台企業菁英在 1919～1937 年間，曾在台北市 64 個町中的 14 個町，設立了町會，至於府縣人會、府縣同鄉關係則運用更臻嫻熟，在 1932～1937 年間，台北市的日人企業菁英即曾設立 46 個府縣人會，再者，在本文第貳章中，亦舉出彰化銀行、盛進商行、高進商會、菊元商行、近江商事、櫻井組、台灣運輸、辻本商事、柏原運送、內台運送、近藤商會、台灣辰馬商會、西村商會、東洋コンクリート（混凝

〔註7〕參見陳慈玉，〈婚姻與家族勢力：日治時期台灣基隆顏家的婚姻策略〉，游鑑明主編，《無聲之聲（II）近代中國的婦女與社會》（台北：中央研究院近代史研究所，2003 年），頁 173～202。

〔註8〕法蘭西斯·福山著，李宛蓉譯《信任——社會德性與繁榮的創造》（台北：立緒文化事業有限公司，2004 年）等，頁 174。

〔註9〕根據千草默仙所編《會社銀行商工業者名鑑》，除東京的台灣俱樂部外，在日本本土還有京都台灣會、大阪台灣俱樂部、廣島台灣會等，在中國也有上海台灣俱樂部、滿洲台灣俱樂部等。

土）、台灣製鹽等 15 個日人企業菁英藉同府縣關係所建構的鄉土閥企業，可見：日治時期日人在台企業菁英對於利用這類地緣網絡，以順遂企業的運作，已相當純熟。

在學緣網絡上，約在 1930 年代中期，日人在台企業菁英已建構出一個可以包納較廣的學緣網絡，其即為「學士會台灣支部」，該會吸收在台的帝大畢業生為會員，根據該支部 1934 年起發行《學士會台灣支部名簿》統計，其會員共約 700～800 人，其中，約有 30～39% 的會員，被延攬至企業界發展（參見表 5-1-1），其餘則多在殖民地政府任官。這 200～300 名進入台灣企業界的帝大畢業生，素質優良，具有經營的專業知識，他們甚少自行創業者，絕大多數進入台地各大企業擔任中高階經營者，故此一學緣網絡不僅於有助日人排斥台人菁英，壟斷各大企業的中高階經營職位，〔註 10〕亦為台灣日人企業注入不少經理人才，引進專業新知，促進台灣企業的現代化。

表 5-1-1：學士會台灣支部會員的畢業學校及進入企業界的人數、百分比

畢業學校	1934	1935	1936	1937	1938	1939	1940	1941
東京帝大	139	151	155	174	178	180	157	159
京都帝大	38	39	38	40	46	52	56	58
北海道帝大	23	20	20	18	15	16	20	22
九州帝大	15	15	14	14	14	14	16	15
台北帝大	11	19	18	20	23	23	27	30
東北帝大	7	9	14	15	13	12	13	14
大阪帝大	1	3	4	5	3	5	5	5

〔註10〕 1920 年代後，日本本土大學畢業生驟增，即使「赤門」出身的東京帝大畢業生，官界亦完全無法容納，雖有部分高學歷的知識份子轉往民間企業發展，但因日本本土經濟成長率已陷入停滯，故高學歷的知識份子失業的情況乃繼續惡化。相對而言，台灣經濟的成長率仍維持相當的水準，據木村隆俊，〈1920 年代植民地台灣糖業分析〉，《經濟集志》第 64 卷第 1 號（日本大學經濟學研究會，1994 年 4 月）言，實質 GDE（國民總支出）的成長率，1923 ～1932 年期間，日本本土、朝鮮分為 13.7%、10.7%，台灣則高達 21.1%，台灣的每人平均 GDE，已為日本本土的 61.9%，朝鮮則只有 35.6%，以此背景，日本本土許多高學歷的知識份子乃轉進台灣，為台地企業經營階層注入新血。

不詳	0	0	0	0	0	0	2	1
進入企業界人數	235	256	263	286	292	302	296	304
學士會會員總數	730	839	865	824	799	800	780	777
進入企業界之百分比	32.2%	30.6%	30.4%	34.7%	36.6%	37.8%	38.0%	39.1%

資料來源：《學士會台灣支部名簿》昭和 9 年～16 年版（台北：學士會台灣支部，1934～1941年）。

　　再者，本文亦舉台灣銀行、台灣製糖、大日本製糖、明治製糖、鹽水港製糖等五家大型企業爲例，說明日人大型企業尤喜聘用東京帝大、東京高商、東京高工、札幌農校、慶應大學等五所公私立名校的畢業生。根據本文第參章所蒐之資料統計，可以看到：這五家大型企業的 474 位領導幹部中，出身上述五所名校者，即有 282 人，高佔總數的 59.5%，然台人社會菁英畢業於此五校者甚少，故亦可視其爲台、日人菁英社會網絡的一種客觀差異。

　　台人社會菁英在台完成學業者，以國語學校、醫學校二校最重要，根據吳文星的統計，在 1896～1942 年，台人社會菁英自醫學校畢業者共 1,661人，師範學校畢業者共 7,314 人，台北帝大畢業者 161 人，農工商專門學校畢業者 586 人，〔註 11〕這些台人社會菁英皆非出身於上述五大名校，故無緣躋身前述五所大型企業的領導幹部中，理所當然。台人社會菁英留學日本者，共約 6 萬人，然其中 2／5 習醫，〔註 12〕再者，欲躋身前述五所大型企業的領導幹部中，至少須在 1910 年代前即已畢業，目前缺乏此類統計資料，但知：1921～1928 年台人社會菁英畢業於東京地區大專學校的畢業生，出身前述名校者，計有：東京帝大 11 人，慶應大學 14 人，東京高商 17 人，東京高工 11人，共僅 53 人，〔註 13〕人數甚少，故台人的學緣網絡實與宰制日人各大企業的學閥幾無關聯，而另有其體系。

　　在政治網絡上，首先，日本中央政府政黨輪替，深深左右台灣電力、台

〔註 11〕參見吳文星，《日據時期台灣社會領導階層之研究》（台北：正中書局，1992年），第三章第一節。

〔註 12〕參見吳文星，《日據時期台灣社會領導階層之研究》（台北：正中書局，1992年），第三章第二節，其中，各帝大畢業者 1,000 人，國立及私大畢業者 20,000人，各專門學校畢業者 40,000 人。

〔註 13〕據吳文星，《日據時期台灣社會領導階層之研究》（台北：正中書局，1992 年），頁 123；另據黃昭堂著，黃英哲譯，《台灣總督府》（台北：自由時代社，1989年），頁 195，言：整個日治時期東京帝大台籍畢業生，共約 130 人。

灣製鹽、台灣製腦、台灣青果等官控會社的人事更迭，甚至還可影響鹽水港製糖等企業的董、監事人選，然不論是政友會，抑或憲政會、民政黨，台人社會菁英皆無緣參與，故台人社會菁英亦不可能藉政黨參與，躍上官控會社的領導幹部之列，故此亦為台、日人菁英社會網絡上的一種客觀差異。

其次，台灣總督府為壟斷利益，亦會創置青果同業組合、台灣青果等冗贅的機關，並在這些機關安插大量退職官吏，巧妙地將台人的辛苦所得，重行分配給台、日兩地的日人政商。再者，台灣總督府還給予退職官吏販售專賣品的特權，分食每年百萬圓以上的專賣利益。然台人社會菁英能獲任中高階官吏者，實屬鳳毛麟爪，根據黃昭堂《台灣總督府》一書的統計，1943 年，台灣的高等官中，包括敕任、奏任官，共計 1,444 人，其中，台人僅劉明朝等16 人，〔註 14〕照此情況，能任基層官吏的台人亦應不多，〔註 15〕可見台人社會菁英能進入此一「退官網絡」者，亦必寥若晨星，因此日人可以利用此一台、日人菁英社會網絡的客觀差異，製造優勢。

雖然日人在政治網絡上佔有絕對的優勢，但台人社會菁英亦有甚富活力的政治網絡，台人菁英鼓動了「設置台灣議會請願」、「地方自治制度改革」兩大運動，並曾組織台灣文化協會、台灣民眾黨、台灣工友總聯盟、台灣農民組合等團體，進行政治、社會運動。在此過程中，台人社會菁英亦凝塑了自己的政治網絡，進而創出有別於日人的政治網絡。

以下，討論台、日人菁英社會網絡相關聯的部份。在親緣網絡上，如前所述，雖一般台人社會菁英幾未與日人在台企業菁英通婚，但台人五大家族已與日人有所聯姻，顯見頂尖之台人世家已逐漸打入日人的親緣網絡之中，交流頗為融洽。

在地緣網絡上，台、日人菁英相關聯部份更多，首先，在日人企業菁英所建置的系列地緣網絡之尾閭：台灣俱樂部、上海台灣俱樂部、滿洲台灣俱樂部等，頗多台人菁英入會，〔註 16〕藉此地緣網絡有助將日、台人菁英陶冶

〔註 14〕黃昭堂著，黃英哲譯，《台灣總督府》（台北：自由時代社，1989 年），頁 241
　　　～243。
〔註 15〕根據吳文星，《日據時期台灣社會領導階層之研究》，頁 203，言：在 1945 年
　　　9 月，在總督府各級官吏中，敕任官 161 人，台人僅台北帝大教授杜聰明一人，
　　　奏任官 2,120 人中，台人僅 29 人，判任官 21,198 人中，台人僅 3,726 人，且
　　　多數為公學校教師。
〔註 16〕根據千草默仙編纂，《會社銀行商工業者名鑑》（台北：圖南協會，1940 年），
　　　1940 年時，在東京的台灣俱樂部中，計有：陳啟峰、林熊徵、林熊光、李

於一爐。

其次，日治時期台、日人企業菁英亦能藉商工會，將該地台、日人企業菁英熔鑄在一塊。由於商工會標舉當地之名，故實爲寓有地緣意識的團體，根據筆者所著之《日據時期台灣商工會的發展》，指出：至 1937 年，全台已有 93 個商工會並存林立，共有 13,500 名的會員，每一商工會平均會員數爲 145 人，最大商工會的會員甚至超過 800 人，並有三個全台性的商工會聯合組織，約有 60%的商工會設在人口少於二萬人的「街」（相當於今日市鎮），超過 80%的「街」曾設立商工會。這些商工會在幹部上鮮少有清一色爲台人或日人，亦常聘任異籍的巨商或名紳爲顧問，台、日商人更經常相互搭配擔任正、副會長，同時身兼台、日商工會幹部者亦屢見不鮮，再者，雙方也常互派代表，參加對方的定期總會，當有共同利益時，更可突破民族藩籬，攜手合作，在舉辦商展、爭取建設、抵制客商等活動上，台、日商人雙方都是緊密合作的。〔註17〕

值得注意的是，在台地的商工會活動中，台人企業菁英勢力頗強，甚至經常反將日人企業菁英納編，然在朝鮮似非如此。根據木村健二的研究，指出：在 1916 年，朝鮮成立了 9 個日、朝人合組的商業會議所，並在 1918 年，設立朝鮮商業聯合會，但就會員人數言，朝鮮人企業菁英僅爲日本人企業菁英之半，幹部人數更只有日本企業菁英的 1／4，顯見在朝鮮日人企業菁英明顯佔居優勢，可以將朝鮮人企業菁英納爲附庸。〔註18〕

延禧、吳三連、許丙、陳啓南、陳啓安、陳啓清、陳炘、陳其祥、陳振能、林柏壽、林階堂、林獻堂、林熊祥、李延齡、顏德修、顏德潤、顏滄海、顏欽賢、顏世昌、郭廷俊、藍高川、辜振甫、辜偉甫、黃棟、黃欣、吳百福、鄭鴻源、鄭沙棠、鄭神寶、蔡彬淮、許貴智、竹林永昌（花蓮台人）、辛西淮等人入會。上海的台灣俱樂部則有：陳清波、張秀哲、林世昌、林伯灶、林木土、李萬、林勤、林勵、林坤鐘、林永松、黃玉對、吳永裕、吳國治、馮英機、石圭璋等人入會。滿洲的台灣俱樂部亦有：林炎火、林正衡、陳雨亭、曾煥章、黃造賢、蘇金塗、曾茂、魏清健、黃進冬、葉滿泉、林水連、林榮宗、顏天朝、曾換鎮、王新東、林顯宗、葉再生、林聖、林茂、陳清顯、王金朵、郭嘉河、林木成、林松、陳成吉、王朝棟、劉振通、江榮樹、林注會、徐文炳、李承古、吳焜木、王雨順、陳章哲、洪頂霖、黃端連等人加入。

〔註17〕 參見趙祐志，《日治時期台灣商工會的發展（1895～1937）》（台北：稻香出版社，1998 年），第四章。

〔註18〕 波形昭一編著，《近代アジアの日本人經濟團體》（東京：同文館出版株式會社，1997 年），第二章。

在學緣網絡上，如前所述，台人菁英實無緣闖入日人大型企業的學緣網絡中，但至日治末期這種客觀差異已略有改變。以 1942 年底的台灣商工銀行領導幹部爲例，當時該銀行扣除董、監事不計，擔任副支店長以上職位者計有 65 人，其中，可得學歷者共 32 人，在此 32 人中，竟有 15 人爲台北高商畢業生，佔總數近半，〔註 19〕顯見：日治末期學緣網絡已有些微本土化，若此趨勢可以延續，台、日人企業菁英當有較多的融合機會。

在政治網絡上，台人社會菁英雖鮮少獲致中高級官職，但在台灣總督府評議會、街庄長、各級協議會、州市會、參事會中，台人社會菁英獲任者頗多。就台灣總督府評議會言，在 1921～1944 年，共有 32 位台人一流世家獲聘進入該會，就街庄長、各級協議會等言，這些職位實已將各地台人二流、三流世家囊括殆盡，〔註 20〕在此政治網絡中，台人社會菁英雖爲附庸，但台、日人企業菁英亦必有不少的交往。

再者，雖然台人在政黨輪替改變官控會社的人事上，無緣置喙，但亦讓台人見識到每當政黨輪替日人官員、官控會社董監事，即心驚膽跳擔心職位不保，有時甚至還可見到新任者對舊政策的檢討與改變，例如：電力是否應收歸官營，香蕉運輸權是否該由台灣青果會社壟斷等問題，即曾在這兩家官控會社因政黨輪替人事更迭時，被熱烈辯論過。在此過程中，台人亦體會了可藉政黨輪替改變官控會社人事或舊有政策的經驗。

綜上所述，日人在台企業菁英自然翻製了單嗣繼承、相同府縣關係、內地名校校友、系友關係、中央政黨關係等社會網絡，同時，日人在台企業菁英亦人爲創置了聯姻網絡，並在台灣總督府的援助下，建構出退官網絡，〔註 21〕這些社會網絡皆有助於日人在台企業菁英創造優勢，壟斷利益。然在日人菁英排擠台人菁英，致台人菁英察覺差別待遇的同時，亦往往會激盪出台人的群體意識，更重要的是，台人菁英亦有頗多相對應的社會網絡，這些對應的網絡常與日人企業菁英的社會網絡無所關聯，成爲一種客觀差異的存在，其不僅令日人企業菁英力有未逮，難將台人菁英納爲附庸，亦常從中彰

〔註 19〕大園市藏，《台灣人事態勢と事業界》（台北：新時代社台灣支社，1942 年），頁 222～225。

〔註 20〕參見根據吳文星，《日據時期台灣社會領導階層之研究》，第四章。

〔註 21〕在各種閱閥形成的同時，台灣總督府的作爲，似亦有朝另一方向者，例如：「日台共學」、「日台通婚」都是爲了要化解日台對立過激的措施，但話說回來這些作爲，亦有將台人納入控制、附庸之效。

顯出台人諸多的主體性。就台、日人菁英有所關聯部份言之，台人一流社會菁英固然與日人在台企業菁英聯繫不少，但二流、三流的台人菁英則仍大致保有相當的獨立，勢力堪與日人菁英抗衡，在此狀況下，不惟台人菁英經常發出遭致差別待遇的怒吼，日人菁英亦屢有另類「差別待遇」的抱怨，例如：日人菁英即經常批評台灣總督府在農業上投資過多，而土地又多爲台人菁英所持有，故有過份照顧台人菁英利益之嫌。〔註22〕

　　以下，繼續討論日人在台企業菁英對台灣的認同問題。就親緣網絡言，日人在台企業菁英的聯姻對象，以台地官員或企業菁英之家居多，攀附日本內地豪門者較少，在泰半自相嫁娶下，札根台地之勢似較明顯。然在地緣網絡上，則呈相反趨勢，日人在台企業菁英設置府縣人會之數，遠多於町會，以台北市爲例，當地日人企業菁英共創立了 46 個府縣人會，但卻僅設置 14 個町會，由於府縣人會爲面向日本原鄉的聯繫，町會則爲認同台灣的表徵，故由此觀之，日人在台企業菁英似對日本原鄉較爲眷戀。體現出來的是，日人在台企業菁英經常在台灣發跡後，即返回日本原鄉居住，同時，後宮信太郎、赤司初太郎、坂本素魯哉等巨商，對原鄉的捐款亦皆遠多於台灣，只有雜貨王、盛進商行董事長中辻喜次郎，曾堅定表達留台發展的決心。

　　就學緣網絡言，日人在台企業菁英多以日本本土的名校，作爲統合的學緣網絡，至日治末期，才逐漸誕生以台灣本地學校作爲整合的學緣網絡，故在此方面似亦面向日本內地較多。在政治網絡上，則呈雙趨之勢，一方面政黨網絡來自日本內地，故台灣製糖董事長山本悌二郎（政友會）、花蓮港電燈董事長原脩次郎（憲政會、民政黨）、台北企業界要人柵瀨軍之佐（憲政會、民政黨）、台灣製鹽董事長津田毅一（政友會）、彰化銀行董事長坂本素魯哉（政友會）、台灣商工銀行董事長古賀三千人（憲政會）、甲仙埔採腦拓殖合名代表社員渡邊國重（憲政會）、台灣製鹽董事樋口典常（政友會）、台灣驛傳社董事長金子圭介、台灣拓殖製茶常務董事平山午介、台灣銀行助役（機要秘書）吉野小一郎、北港製糖重役中村啓次郎、製腦商人平井晴次郎等人，皆曾返回日本內地參政，並當選眾議員，〔註23〕而山本悌二郎、原脩次郎、柵瀨軍之佐等人，甚至還曾入閣擔任大臣或次官，另外，鹽水港製糖董事長

────────────

〔註22〕大園市藏，《台灣產業の批判》第壹卷（福岡：台灣產業の批判社，1927 年），頁 350～354。

〔註23〕亦有返鄉參選未能當選者，如：花蓮王、東部民間總督梅野清太即曾返回故鄉長崎參選，但並未選上。

荒井泰治、台灣銀行董事長中小川十郎兩人亦曾被選爲貴族院議員。然另方面，退官網絡的建構又是深植台灣的表現，台灣總督府爲穩定統治基礎，必須提高日人留台的意願，而日人在台當中又以退職官吏的素質最高，亦最熟知台灣總督府的意志，故照顧退職官吏的生活激勵其留台的意願，即成爲台灣總督府的要政。台灣總督府或安插其進入官控會社、組合任職，或給予銷售專賣品的特權，以優渥的待遇挽留退職官吏，更重要的是，這些退職官吏因爲在政府中，還有昔日同僚、部屬，故台灣總督府不僅能透過退官網絡宣達政令、控制產業，亦常能利用其溝通上下、整合官商的意志，他們成爲各級政府的基本支持者。

綜上所述，很多日人循著親緣、地緣、學緣、政治等網絡來到台灣，並且在這些社會網絡的支持下，不僅個人可以獲得情感的慰藉與實際的援助，整個群體亦可迅速凝結力量，建立穩固的秩序，有助於日人企業菁英壟斷人事、分食利益，進而讓他們掌握優勢，增添其企業在台灣發展的機會。同時，親緣、地緣、學緣、政治等社會網絡，強弱不一的保有與日本內地的聯繫關係，這種連帶感令他們不斷穿梭往來於台、日兩地，更重要的是，這些社會網絡亦可促進台、日兩地資金、人才、物力的交流，有助於將台灣整合入日本帝國。〔註24〕

〔註24〕 亦有日人在台企業菁英再以台灣爲跳板，進入朝鮮、滿洲、華南、南洋的活動，如各大製糖會社、台銀、華銀、台拓、三五公司、賀田組等皆曾在往來於台灣和這些區域之間，這甚有助於日本帝國各環結的聯繫，然其成效如何，再者，究竟是台人企業菁英貢獻較多，或是日人在台企業菁英出力較多，則有待更多的研究。以《台灣實業界》昭和15年3月號的資料言，1940年初，在廣東地區的台灣日人企業即有：日東商船組、西村洋行、新高製菓、東光株式、越智商店、折井印刷、和田眼鏡、鐮野時計、加藤洋行、華南銀行、台灣拓殖、台灣倉庫、台灣國產自動車、台灣貿易、台灣運輸、台灣銀行、台灣日產自動車、台灣鐵工所、台灣水產販售、田村組、竹腰洋行、桑田商店、山岡內燃機商會、丸一組、松尾商店、富士屋、福大公司、藤井吳服店、協同組、湯川組、新竹資源、前田洋行等，從巨商到零售商、各行各業，林林總總皆有之。

徵引書目

一、企業年鑑

1. 千草默仙編纂，《會社銀行商工業者名鑑》1928～1943 年版（台北：圖南協會）。

2. 竹本伊一郎編纂，《台灣會社年鑑》1932～1943 年版（台北：台灣經濟研究會）。

3. 佐佐英彥、小野三郎編纂，《台灣銀行會社要錄》（台北：台灣興信所，1920 年）。

4. 杉浦和作編纂，《台灣商工人名錄》（台北：台北商工人名錄發行所，1912 年）。

5. 杉浦和作編纂，《台灣銀行要錄》1923～1942 年版（台北：台灣實業興信所）。

二、報紙雜誌

1. 《台灣民報》第 1～401 期（1923～1930 年）。

2. 《台灣時報》第 1～113 號（1909 年 9 月～1919 年 5 月）。

3. 《台灣實業界》昭和 4 年 1 月號～昭和 16 年 12 月號（1929～1941 年）。

4. 《新台灣》大正 4 年 11 月號（1915 年）。

5. 《實業之台灣》第 1 卷第 1 號～第 17 卷第 12 號（1909 年 9 月～1925 年 12 月）。

三、企業家名鑑相關資料

1. 上村健堂編，《台灣事業界と中心人物》（台北：台灣案内社，1919 年）。

2. 不著撰人，《最近の南部台灣》（台南：台灣大觀社，1923 年）。

3. 大園市藏編，《台灣人物志》（台北：谷澤書店，1916 年）。

4. 大園市藏編，《台灣の中心人物》（台北：日本植民地批判社，1935 年）。

5. 大園市藏編，《台灣人事態勢と事業界》（台北：新時代台灣支社，1942 年）。

6. 大塚清賢編，《台灣大觀》（台北：台南新報社，1935 年）。

7. 大塚清賢編，《躍進台灣大觀（一）》1937 年版（台北：成文出版社複刻版）。

8. 大塚清賢編，《躍進台灣大觀（二）》1937 年版（台北：成文出版社複刻版）。

9. 大塚清賢編，《躍進台灣大觀》續篇 1939 年版（台北：成文出版社複印，1985 年）。

10. 大塚清賢編，《躍進台灣大觀續續編》1941 年版（台北：成文出版社複刻版）。

11. 大塚清賢編，《躍進台灣大觀四編》1942 年版（台北：成文出版社複刻版）。

12. 太田肥洲編，《新台灣を支配する人物と產業史》（台北：台灣評論社，1940 年）。

13. 內藤素生編，《南國之人士》（台北：台灣人物社，1922 年）。

14. 田中一二編，《台灣の新人舊人》（台北：台灣通信社，1928 年）。

15. 台灣新民報調查部編，《台灣人士鑑》1934 年版（台北：台灣新民報，1934 年）。

16. 台灣新民報調查部編，《台灣人士鑑》1937 年版（台北：台灣新民報，1937 年）。

17. 杉野嘉助編，《台灣商工十年史》（台北：編者，1919 年）。

18. 林進發編，《台灣官紳年鑑》（台北：民眾公論社，1932 年）。

19. 林肇編，《伸び行く台灣》（高雄：政經春秋社台灣支社，1936 年）。

20. 岩崎潔治編，《台灣實業家名鑑》（台北：1912 年）。

21. 宮川次郎編，《新台灣の人人》（東京：拓殖通信社，1926 年）。

22. 唐澤信夫編，《台灣紳士名鑑》（台北：新高新報社，1937 年）。

23. 鈴木常良編，《台灣商工便覽》大正 7、8 年版（台中：台灣新聞社，1918、1919 年）。

24. 橋本白水編，《評論台灣之官民》（台北：南國出版協會，1924 年）。

25. 橋本白水編，《台灣の事業界と人物》（台北：南國出版協會，1928 年）。

26. 橋本白水編，《台灣統治と其功勞者》（台北：南國出版協會，1930 年）。

27. 興南新聞社編，《台灣人士鑑》1943 年版（台北：該社，1943 年）。

四、日記、年表、統計、名簿

1. 台灣行政長官公署統計室，《台灣省五十一年來統計提要》（台北：台灣行政長官公署統計室，1946 年）。
2. 台灣時報編，《台灣日誌》復刻版（東京：綠蔭書房，1992 年）。
3. 台灣經世新報社編，《台灣大年表》復刻版（東京：綠蔭書房，1992 年）。
4. 吳文星等編，《台灣總督田健治郎日記（上）》（台北：中央研究院台灣史研究所籌備處，2001 年）。
5. 學士會台灣支部編，《學士會台灣支部名簿》昭和 9 年～16 年版（台北：該支部，1934～1941 年）。

五、專　著

1. 八幡和郎，《圖解雜學性格がわかる！縣人性》（東京：株式會社ナツメ社，2004 年）。
2. 小田俊郎著，洪有錫，《台灣醫學 50 年》（台北：前衛出版社，1995 年）。
3. 三日月直之，《台灣拓殖會社とその時代 1936～1946》（福岡：葦書房有限會社，1993 年）。
4. 井出季和太著，郭輝編譯，《日據下之台政》（台中：台灣省文獻委員會，1977 年）。
5. 大園市藏，《台灣始政四十年史》（台北：日本植民地批判社，1935 年）。
6. 大園市藏，《台灣產業の批判》第壹卷（福岡：台灣產業の批判社，1927 年）。
7. 王泰升，《台灣法律史的建立》（台北：國立台灣大學法學叢書編輯委員會，1997 年）。
8. 中根千枝著，何乃英譯，《環環相扣──日本縱向社會的人際關係》（台北：錦繡出版事業股份有限公司，1994 年）。
9. 中嶋繁雄《閨閥の日本史》（東京：文藝春秋，平成 15 年）。
10. 由井常彥、J. Hirschmeier《日本の經營發展》（東京：東洋經濟新報社，1987 年第九刷）。
11. 矢內原忠雄著、周憲文譯，《日本帝國主義下之台灣》（台北：帕米爾書店，1985 年）。
12. 司馬嘯青，《台灣五大家族》（台北：自立晚報，1987 年）。
13. 司馬嘯青，《櫻花·武士刀》（台北：自立晚報，1988 年）。
14. 司馬嘯青，《中日政商風雲誌》（台北：卓越文化事業，1991 年）。

15. 西川俊作、阿部武司編《日本經濟史（四）產業化の時代上》（東京：岩波書店，1990 年）。

16. 名倉喜作，《台灣銀行四十年誌》（台北：台灣銀行，1939 年）。

17. 李永熾，《日本式心靈》（台北：三民書局，1991 年）。

18. 李亞編，《民營企業公司治理》（北京：中國方正出版社，2003 年），頁 11。

19. 李卓，《中日家族制度比較研究》（北京：人民出版社，2004 年）。

20. 吳文星，《日據時期台灣社會領導階層之研究》（台北：正中書局，1992 年）。

21. 吳忠吉等著，《解剖台灣經濟——威權體制下的壟斷與剝削》（台北：前衛出版社，1992 年）。

22. 吳政憲，《新能源時代——近代台灣電力發展》（台北：國立台灣師範大學歷史研究所，2002 年博士論文）。

23. 林明德，《日本的社會》（台北：三民書局，1997 年）。

24. 林南著，張磊譯，《社會資本——關於社會結構與行動的理論》（上海：上海人民出版社，2005 年）。

25. 林炳炎，《台灣電力株式會社發展史》（台北：台灣電力株式會社資料中心，1997 年）。

26. 林進發，《台灣發達史》（台北：民眾公論社，1936 年）。

27. 林蘭芳，《工業化的推手——日治時期的電力建設》（台北：國立政治大學歷史研究所，2002 年博士論文）。

28. 波形昭一編，《社史で見る日本經濟史（植民地編）第六卷台灣倉庫株式會社二十年史》（東京：ゆまに書房，2002 年重刊）。

29. 波形昭一編著，《民間總督三好德三郎と辻利茶舖》（東京：日本圖書センター，2002 年）。

30. 波形昭一編著，《近代アジアの日本人經濟團體》（東京：同文館出版株式會社，1997 年）。

31. 周雪光，《組織社會學十講》（北京：社會科學文獻，2003 年）。

32. 周憲文，《台灣經濟史》（台北：台灣開明書店，1980 年）。

33. 神一行，《閨閥——特權階級の盛衰の系譜》（東京：角川書店，平成 15 年三版）。

34. 涂照彥著，李明俊譯，《日本帝國主義下的台灣》（台北：人間出版社，1991 年）。

35. 泉風浪，《人と閥》（台南：南瀛新報社，1932 年）。

36. 高橋龜吉，《日本近代經濟發達史》第二卷（東京：東洋經濟新報社，

1973 年）。

37. 堀江保藏，《日本經營史における「家」の研究》（京都：臨川書店，1984 年初版）。

38. 許烺光著，于嘉雲譯，《家元——日本的眞髓》（台北：國立編譯館，2000 年）。

39. 陳其南，《文化的軌跡》下冊（台北：允晨文化實業股份有限公司，1986 年）。

40. 陳柔縉，《總統是我家親戚》（台北：鴻鳴館圖書出版社，1994 年）。

41. 陳柔縉，《總統的親戚》（台北：時報文化，1999 年），導讀頁 5。

42. 陳燕如，《中元普度與政商之間——日據時期基隆地方領袖的發展》（台北：國立台灣師範大學歷史研究所，1997 年碩士論文）。

43. 張靜宜，《台灣拓殖株式會社與日本軍國主義》（台南：國立成功大學歷史研究所，2002 年博士論文）。

44. 黃昭堂著、黃英哲譯，《台灣總督府》（台北：自由時代出版社，1989 年）。

45. 黃瓊瑤，《日據時期的台灣銀行》（台北：國立台灣師範大學歷史研究所，1990 年碩士論文）。

46. 費孝通，《鄉土中國——生育制度》（北京：北京大學，1998 年）。

47. 游重義，《台灣拓殖株式會社之成立及其前期組織研究》（台北：國立台灣師範大學歷史研究所，1997 年碩士論文）。

48. 滋賀秀三著，張建國、李力譯，《中國家族法原理》（北京：法律出版社，2003 年）。

49. 葉金惠，《日本殖民經濟體系下台蕉問題研究》（台北：國立台灣師範大學歷史研究所，1992 年碩士論文）。

50. 楊彥騏，《臺灣百年糖紀》（台北：貓頭鷹出版社，2001 年）。

51. 褚塡正，《戰時「台拓」的嘉義化學工場之研究（1938～1945）》（嘉義：國立中正大學歷史研究所，1999 年碩士論文）。

52. 趙祐志，《日據時期台灣商工會的發展》（台北：稻香出版社，1998 年）。

53. 台灣銀行編，《台灣銀行二十年史》（台北：台灣銀行，1919 年）。

54. 劉淑靚，《台日蕉貿網絡與台灣的經濟精英》（台北：稻鄉出版社，2001 年）。

55. 賴建圖，《日治時期台灣鳳梨產業之研究》（台北：國立台灣師範大學歷史研究所，2001 年碩士論文）。

56. 鍾淑敏，《日本統治時代における台灣の對外發展史》（東京：東京大學東洋史研究所博士論文，1996 年）。

57. Francis Fukuyama（法蘭西斯‧福山）著，李宛蓉譯，《信任——社會德性與繁榮的創造》（台北：立緒文化事業有限公司，2004 年）。

58. Herbert Passin 著，劉琨輝、洪祖顯譯，《日本的現代化與教育》（台北：幼獅文化事業公司，1973 年）。

59. Pierre Bourdieu（布爾迪厄）著，楊亞平譯，《國家精英——名牌大學與群體精神》（北京：商務印書館，2004 年）。

60. Prasenjit Duara（杜贊奇）著、王福明譯，《文化、權力與國家：1900～1942 年的華北農村》（南京：江蘇人民出版社，2003 年）。

61. W. Richard Scott 著，黃洋譯，《組織理論》（北京：華夏出版社，2002 年）。

六、論　文

1. 大山綱武，〈台灣に於ける財閥る活動〉，《台灣經濟年報》昭和 17 年版（東京：國際日本協會，1942 年）。

2. 大山綱武，〈台灣の事業と內地資本の動向——三菱財閥篇〉，《台灣時報》第 243 號（1940 年 3 月）。

3. 大山綱武，〈台灣に於ける內地資本の動向（三）三井財閥の台灣資本〉，《台灣時報》第 262 號（1941 年 10 月）。

4. 大山綱武，〈台灣に於ける內地資本の動向（四）三井財閥の台灣資本〉，《台灣時報》第 263 號（1941 年 11 月）。

5. 大山綱武，〈台灣工業化と內地資本の動向〉，《台灣時報》第 268 號（1942 年 4 月）。

6. 大山綱武，〈古河財閥と台灣〉，《台灣時報》第 279 號（1943 年 3 月）。

7. 木村隆俊，〈1920 年代植民地台灣糖業分析〉，《經濟集志》第 64 卷第 1 號（日本大學經濟學研究會，1994 年 4 月）。

8. 本多保太郎，〈本島銀行界の變遷とその現況〉，《台灣時報》昭和 7 年 10 月號（台北：台灣時報社，1932 年 11 月）。

9. 林蘭芳，〈日治末期台灣電力事業一元化（1940～1944）——台灣電力株式會社合併東西部民營電力事業〉，《台灣風物》第 53 卷第 4 期（台北：台灣風物社，2003 年 12 月），頁 119～145。

10. 吳文星，〈札幌農學校與台灣近代農學的展開——以台灣農業試驗場爲中心〉，《台灣社會經濟史國際學術研討會——慶祝王世慶先生七五華誕》（台北：中央研究院台灣史研究所籌備處，2003 年）。

11. 吳文星，〈札幌農學校と台灣近代農學の展開——台灣總督府農事試驗場を中心として〉，《日本統治下台灣の支配と展開》（名古屋：中京大學社會科學研究所，2004 年），頁 481～522。

12. 吳政憲，〈台灣電力株式會社（1919～1944）——組織結構與人事（上）〉，

《台灣風物》第 53 卷第 4 卷（台北：台灣風物雜誌社，2003 年 12 月），頁 21～72。

13. 吳政憲，〈台灣電力株式會社（1919～1944）──組織結構與人事（下）〉，《台灣風物》第 54 卷第 1 卷（台北：台灣風物雜誌社，2004 年 3 月），頁 47～90。

14. 官文娜，〈日本前近代社會的養子與社會變遷〉，《國家、地方、民眾的互動與社會變遷》（北京：商務印書館，2004 年），頁 438～451。

15. 張靜宜，〈台灣拓殖株式會社董事任用之分析〉，《台北文獻直字》民國 89 年 3 月號。

16. 張靜宜，〈台灣拓殖株式會社在南洋貸款投資事業之初探〉，《東南亞季刊》民國 87 年 7 月號。

17. 張靜宜，〈台灣拓殖株式會社組織推移之探討〉，《台灣風物》民國 87 年 6 月號。

18. 陳慈玉，〈日本植民地時代の基隆炭鑛株式會社──台灣土著資本家と日本財閥の事業研究〉，西嶋定生博士追悼論文集編輯委員會編，《東アジアの展開と日本》（東京：山川出版社，2000 年），頁 515～540。

19. 陳慈玉，〈婚姻與家族勢力：日治時期台灣基隆顏家的婚姻策略〉，游鑑明主編，《無聲之聲（II）近代中國的婦女與社會》（台北：中央研究院近代史研究所，2003 年），頁 173～202。

20. 梶原通好，〈台灣の青果產業〉，《台灣經濟年報》昭和 18 年版（東京：國際日本協會，1943 年）。

21. 黑谷了太郎，〈台灣製糖界の企業主體の變遷〉，《台灣時報》昭和 10 年 1 月號（台北：該社，1935 年 1 月）。

22. 趙祐志，〈紅太陽帝國的尖兵：評介波形昭一編著《近代アジアの日本人經濟團體》〉，《台灣師範大學歷史學報》第 28 期（台北：台灣師範大學歷史系，2000 年），頁 245～257。

23. 鍾淑敏，〈政商與日治時期東台灣的開發──以賀田金三郎為中心的考察〉，《台灣史研究》第 11 卷第 1 期（台北：中央研究院台灣史研究所籌備處，2004 年 6 月），頁 79～116。

24. Man-houng Lin, "The Perpetuation of Bloodline Versus Family Property: A Crucial Factor for the Different Demographic Dynamics of Pre-industrial China and Japan"《中國現代化論文集》（台北：中央研究院近代史研究所，1991 年）。